KB252998

애덤 스미스의
『국부론』
읽기

세창명저산책 **012**

애덤 스미스의
『국부론』
읽기

초판 1쇄 발행 2026년 3월 3일

—

지은이 이성규
펴낸이 이병은
기획위원 원당희
책임편집 정우경   **책임디자인** 양혜진
기획 김명희·박준성   **마케팅** 최성수

—

펴낸곳 세창미디어

신고번호 제2013-000003호 **주소** 03736 서울특별시 서대문구 경기대로 58 경기빌딩 602호

전화 02-723-8660 **팩스** 02-720-4579 **이메일** edit@sechangpub.co.kr **홈페이지** http://www.sechangpub.co.kr

블로그 blog.naver.com/scpc1992 **페이스북** fb.me/Sechangofficial **인스타그램** @sechang_official

—

ISBN 978-89-5586-853-1 02320

© 이성규, 2026

세창명저산책

애덤 스미스의 『국부론』 읽기

ADAM SMITH

012

이성규 지음

세창미디어 MEDIA

1. 번역문의 대괄호([ ])와 번호((1), (2) …)는 저자가 이해의 편의를 위해 삽입한
   것이다.
2. 외국 인명의 표기는 국립국어원 용례를 따랐으나 일부는 일반적으로 널리 쓰
   이는 표기를 따랐다.
3. 『국부론』과 『도덕감정론』의 출처 표기 방식은 다음 예시와 같다.
   『국부론』: Smith 2000, I.1.5에서 I.1.5는 제1권 제1장 5단락을 가리킨다.
   『도덕감정론』: Smith 1984, II.2.10에서 II.2.10은 제2부 제2장 10단락을 가리
   킨다.

머리말

꽃은 떨어져도 봄은 그대로 있다[花落春仍在].

– 유월俞樾

최근 엘리시움에서 사신死神과 헤르메스는 저마다 '지구가 가장 소중히 여기는 것'을 이곳으로 가져왔다고 자랑했다. 헤르메스는 애덤 스미스의 책꽂이에서 그의『국부론』을 훔쳐 왔다. 사신은 애덤 스미스를 직접 데려옴으로써 자신의 명분을 얻었다.

– 로버트 번스(1790), "애덤 스미스 박사의 최근 서거에 대해"

인류는 애덤 스미스에게 두 가지 큰 빚을 지고 있다고 생각된다. 애덤 스미스는 260여 년 전에 인류에게 우리의 본성에 '이기심'과 '동정심'이 있음을 알려 주었기 때문이다. 또한, 애덤 스미스가 없었다면 '보이지 않는 손'은 영원히 태어나지 않았을 것이다. 본서는 비록 짧지만, 인류 역사를 관통하는 불후의 통찰력을 지닌 문장들을 중심으로 "애덤 스미스가 무엇을 생각했는지"와 "애덤 스미스가 생각한 것이 왜 여전히 중요한지"를 찾고자 한다. 이를 통해 애덤 스미스의 '생각(사상)과 영향력'이 오늘날에도 살아 숨 쉬고 있음을 보여 주고자 한다. 애덤 스미스와 에드먼드 버크Edmund Burke는 '세계 역사상 기념비적인 업적'을 이룩했다. 이들은 근대에 이르러 처음으로 모습을 드러낸 '정치적 및 경제적 윤곽'을 심층적으로 분석하고 공개적으로 설명한 '최초의' 사람들이기 때문이다. 정치적 윤곽의 경우, 에드먼드 버크는 근대 정당과 대의제를 최초로 연구한 위대한 이론가이다. 경제적 윤곽의 경우, 애덤 스미스는 시장을 정치경제학 및 경제학의 중심에 두고, 규범을 오늘날 우리가 사회학이라고 생각하는 것의 중심에 둔 최초의 사상가이다. 따라서 에드먼드 버크가 인류의 '정치적 근대성의 경첩'(중세 봉건사회에서 근대 시민사회로 문을 열어 준 사람)인 것처럼, 애덤 스미스는 인류의 '경제적 근대성의 경첩'(중세 봉건사회에서 근대 상업사회로 문을 열어 준 사람)이다.

애덤 스미스는 세계에서 가장 위대하면서도 그에 대한 이해가 가장 부족한 사상가 중 한 사람이다. 경제학과 경제학자들이 점점 더 영향력을 발휘하는 이 시대에도 애덤 스미스는 단연코 지금까지 '가장 영향력 있는 경제학자'로 여겨진다. 애덤 스미스의 영향력은 순전히 그의 '사상의 범위'에 의해 확대되어 왔다. 그의 생각은 경제학, 정치학, 철학, 사회학, 심리학 등 다양한 범위에 걸쳐 심오한 영향력을 미쳐 왔다. 오늘날 우리는 그 어느 때보다 '애덤 스미스의 지혜'를 필요로 한다. 요사이 우리나라에서 '초역超譯'이 유행이다. 부처, 예수, 공자 등 위대한 사상가에 대한 초역이 대표적이다. 초역은 원문을 문자적으로 번역하기보다는 말이나 문장이 생겨난 이야기의 '맥락'과 정치·경제·역사·문화적 맥락을 감안하여 번역하는 것이다. 심오하고 원대한 사상을 지닌 애덤 스미스만큼 '초역에 적합한 인물'이 또 있을까 하는 생각이 든다. 나도 앞으로 더욱 정진하여 "초역 애덤 스미스의 생각"을 써 보고자 하는 열정이 솟아난다.

애덤 스미스의 『국부론』이 '정치경제적으로' 왜 중요하고, 『도덕감정론』이 '지적으로' 왜 중요한지를 독자들이 조금이나마 이해할 수 있기를 진심으로 바란다. 또한, 이 책을 통해 애덤 스미스가 인류 역사에 있어서 얼마나 '위대한 사상가'였는지를 깨닫게 되기를 희망한다. 최근 김학철 연세대 교수는 『중앙일보』와의 인터뷰에서 "타임머신을 타고 과거로 갈 수 있다면 예수를 만나고 싶다. 어눌한 그리스어로 그와 대화를 하거나, 아니면 그의 눈이라도 마주치고 싶다. 그 속에 깃든 신성을 보고 싶다"라고 했다. 나도 똑같은 심정이다. 타임머신을 타고 250여 년 전으로 돌아가 애덤 스미스를 만나 인간의 '동정심'을 묻고, '이기심'과 '보이지 않는 손'의 진정한 의미를 묻고 싶다.

마지막으로, 팔순의 연세에도 놀라운 통찰력으로 열정적이고 지속적인 연구를 하고 계신 좌승희 한국제도경제학회 이사장님, 예리한 생각과 관찰력으로 우리나라의 정치경제 문제를 창의적으로 탐구하시는 이상학 국민대학교 명예교수님, 늘 격려와 배려를 아끼지 않는 정성호 한국재정정보원 박사님, 이강구 KDI 박사님, 송덕진 박사님께 깊이 감사를 드린다. 또한, 나날이 어려워져 가는 출판환경에서도 '출판보국出版報國'의 정신으로 본서의 출간을 기꺼이 허락해 주시고 지원해 주셨던 세창출판사 고故 이방원 사장님께 무한한 감사를 드리며, 지난한 교정 과정에서 정성을 다해 최고의 교정 능력을 발휘해 주신 정우경 대리님께도 깊은 감사를 드린다.

2026년 2월

이성규(국립경국대학교 무역학과 교수 및 '한국애덤스미스·

공공선택학·새마을운동교육연구소' 소장) 씀

Adam Smith, 1723-1790

1장

—

서론

애덤 스미스의 사상은 실로 위대하고 불멸성을 지니고 있다. 빅토르 위고^{Victor Hugo}는 "침략군에게는 저항할 수 있지만, '침략 사상^{invading ideas}'에는 저항할 수 없다"라고 말했다. 애덤 스미스의 사상이 이와 같을 것이다. 현재 미국에서 유행하는 '마가^{MAGA}' 트렌드를 보노라면 "애덤 스미스를 언제나 위대하게^{Make Adam Smith Great Always}"가 연상된다. 먼저, 애덤 스미스의 '불멸의 위대성'을 다음 글들로 가늠해 보자.

20세기의 위대한 경제학자 중 한 명인 존 메이너드 케인즈^{John Maynard Keynes}는 그의 불후의 명작인 『고용, 이자 및 화폐에 관한 일반이론』에서 다음과 같은 예리한 통찰을 남겼다.

[위대한] 경제학자들과 정치철학자들의 사상^{ideas}은 '옳을 때'뿐만 아니라 '틀릴 때'에도 일반적으로 이해되는 것보다 더 강력하다. 실제로 세상은 [사상 이외에] 다른 것에 의해 거의 지배를 받지 않는다. [우선,] 자신이 [외부로부터] 지적 영향을 전혀 받지 않는다고 믿는 [소위] '실제적인 사람들^{practical men}'도 [알고 보면] 대개 '어떤 죽은 경제학자'의 노예들이다. [다음으로] 허공에서 [죽은 경제학자의] 목소리를 듣는 권위 있는 광인들^{madmen}은 [이미] 몇 년 전에 했던 어떤 '이론적[비실용적] 경제학자의 낙서'를 증류하여 그들의 미친 생각을 만들어 냈을 뿐이다. [또한,] 나는 '기득권^{vested interests}의 힘'이 '사상의 점진적인 침투'에 비해 엄청나게 과장되어 있다고 확신한다. 결국, [인류 역사에서] 선악에 위험한 것은 기득권이 아니라 '사상'이다. (Keynes 2009, 383)

얼마 전에 서거한 프란치스코 교황은 생전에 애덤 스미스의 '이기심'과 관련하여 깊은 영감을 주는 이야기를 한 바 있다.

[오늘 저녁] 우리의 식사에는 와인이 곁들여질 것입니다. 와인은 다양한 면모를 지니고 있습니다. 와인은 향, 색깔, 풍미 등을 지니고 있으며, 모두 음식과 조화를 이룹니다. 또한, 와인은 우리의 정신을 활기차게 만들 수 있는 '알코올'도 함유하고 있습니다. 와인은 우리의 모든 감각을 풍요롭게 해 줍니다. 이처럼 와인은 향, 색깔, 풍미, '알코올' 등을 함유하고 있습니다.

오늘 만찬의 마지막에는 그라파grappa[와인으로 만드는 독한 이탈리아 술]가 마련되어 있습니다. '그라파'에는 와인의 다양한 면모 중에서 오직 '알코올'만 들어 있습니다. [알코올만 있는] 그라파는 결국 '와인을 증류한 것'입니다.

인간성도 다양한 면모를 지니고 있습니다. 인간성은 열정, 호기심, 합리성, 이타성, 창의성, '이기심' 등을 지니고 있습니다. 인간은 열정적이고, 호기심 많고 합리적이며, 이타적이고 창의적이면서도 이기적입니다. 그러나

'시장'에는 다양한 인간성 중에서 오직 '이기심'만 있습니다. 따라서 [이기심만 있는] 시장은 바로 '인간성을 증류한 것'입니다. 이제 이 자리에 오신 여러분의 임무는 '그라파'를 다시 '와인'으로 바꾸고, 이기심만 있는 '시장'을 다시 '인간성'으로 되돌리는 것입니다. (Carney 2021, 3)

또한 트럼프 대통령의 최근 관세전쟁을 볼 때 조지 오웰George Orwell이 말한 통찰력 있는 한 구절이 떠오른다.

우리는 이제 명백한 사실[자유무역의 중요성]을 다시 말해야만 하는 것이 지식인의 첫 번째 의무가 되어 버린 지경에 이르렀다.

스코틀랜드 출신의 위대한 사상가인 애덤 스미스Adam Smith, 1723-1790는 오늘날 우리들에게 경제학 불후의 명저인 『국부론The Wealth of Nations』(1776)으로 가장 잘 알려져 있다. 그러나 이보다 17년 앞서 출간된 『도덕감정론The Theory of Moral Sentiments』(1759)은 애덤 스미스 생애에서 그를 유명하게 만든 최초의 저서이다. 『도덕감정론』은 오늘날 다소 난해하다는 이유로 사람들 사이에서 널리 읽히고 있지는 않지만 인간의 '도덕감정'에 대한 선구적인 저서이다.

고대 그리스 시대로부터 도덕 철학자들은 '무엇이' 인간 행동을 좋게 또는 나쁘게 만드는지를 밝혀내려고 많은 노력을 해 왔다. 어떤 철학자들은 군주나 왕이 인간 행동의 옳고 그름을 판단하는 최후의 심판자라고 생각하였다. 다른 철학자들은 인간 행동의 옳고 그름을 판단하는 기준은 성경에 기록된 '하느님의 뜻'이라고 생각하였다. 또한 애덤 스미스 당시 유행한 이론에 따르면 인간은 촉각, 시각, 청각, 미각, 후각 등의 감각으로 사물을 간파할 수 있는 것처럼 '인간 행동의 좋고 나쁨을, 또는 옳고 그름을 판단할 수 있는 "도덕감각moral sense"(도덕감 또는 도의심)을 가지고 있다'고 생각되었다.

그러나 이러한 이론들은 18세기 계몽화가 태동하는 유럽에서 더 이상 통용되지 못하게 되었다. 무엇보다도 애덤 스미스는 인간 행동의 선과 악은 어떤 '객관적인' 특성이 아니라 우리의 마음과 가슴속에 있는 '주관적인' 것이라고 주장하였다. 이는 당시로서는 획기적인 주장이었다. 또한 애덤 스미스는 한 걸음 더 나아가 이러한 인간의 '감정'은 '생물적이고 사회적인 기원'을 가지고 있다고까지 주장하였다. 우리는 다른 사람들이 불쾌해하거나 괴로워하는 것을 보면 슬퍼하거나 그들에게 동정심을 가지게 된다. 반면에 다른 사람들이 행복해하면 우리도 행복해진다. 사실상 우리들은 다른 사람들을 행복하게 해 주고자 하거나 그들의 고통을 덜어 주려고 한다. 이러한 감정은 곧 인간의 '본성'이다. 또한 인간은 어떤 경우 '양심'의 가책을 느끼기도 한다. 이는 애덤 스미스가 말했듯이 어떤 "공정한 관찰자impartial spectator"가 있어서 우리의 모든 행동을 판단하는 것과 같다. 따라서 이러한 인간의 "도덕감정moral sentiments"은 사람들의 '도덕성의 원천'이며 사회의 '도덕체계'의 토대이다.

애덤 스미스는 우리(인간)가 이러한 '도덕 본성'을 왜 가지고 있는지 깊이 생각하였고, 마침내 찰스 다윈Charles Darwin이 『종의 기원』(1859)을 저술하기 정확히 100년 전에 『도덕감정론』을 세상에 내놓았다. 『도덕감정론』은 여전히 획기적인 지적 저서로서 오늘날 소위 사회심리학의 걸작으로 평가받고 있다.

애덤 스미스는 '경제학의 선구자'일 뿐만 아니라 '사회심리학의 선구자'였다. 오늘날 일부 비평가들은 『국부론』이 주창하는 '이기심'(사익 추구)과 『도덕감정론』의 토대인 '동정심sympathy'(또는 '공감empathy') 간에 긴장 관계가 존재한다고 지적하고 있다(혹자들은 오늘날 '동정심'을 '공감'으로 부르곤 한다). 그러나 이는 사실이 아니다! 사익 추구와 공감 간에는 충돌이 발생하지 않는다. 애덤 스미스는 "'우리 자신의 복지welfare'와 '다른 사람들의 복지'는 모두 우리의 복지[행복]와 생존에 중요하다"고 인식하였다. 따라서 우리가 이기심과 동정심을 모두 소중히 여기는 것은 결코 놀라운 일이 아니다.

애덤 스미스는 '시장에서 경제적 교환의 동기'를 설명하기 위해 '이기심self-interest(자기 이익) 추구' 이외의 어떤 다른 목적을 언급하거나 거론할 필요가 없다고 말했다. 이를 주장하기 위해 애덤 스미스는 『국부론』에서 '인간의 이기심'을 다음과 같이 표현했다.

(1) 우리가 맛있는 저녁 식사를 할 수 있는 것은 정육점 주인, 양조업자 또는 빵집 주인의 '자비심' 덕분이 아니

라 그들 '자신의 이익'에 대한 그들의 관심 때문이다. (2) 우리는 그들의 '자비심'이 아니라 그들의 '자기애'['이기심']에 대해 이야기하고, (3) 우리 자신의 '필요성'이 아니라 '그들의 이익'에 대해 이야기해야 한다.

It is not from the benevolence of the butcher, the brewer, or the baker that we expect our dinner, but from their regard to their own interest. We address ourselves not to their humanity but to their self-love and we never talk to them of our own necessities but of their advantages. (Smith 2000, I.2.2)

이 표현은 『국부론』에서 가장 널리 인용되는 구절 중의 하나이다. 애덤 스미스를 잘 안다고 생각하는 사람들은 전통적으로 애덤 스미스를 '이기심' 또는 '자기애self-love'의 대명사로 해석하는 경향이 있다(애덤 스미스는 종종 이기심을 '자기애'라고 불렀다). 비록 이기심에 대한 논의가 '생산'이나 '분배'가 아니라 '교환', 특히 '교환의 근간이 되는 동기'라는 매우 구체적인 문제만을 다루고 있지만, 『국부론』은 이러한 몇 줄이 내포하고 있는 중요한 의미('거대한 서사')를 크게 벗어나지 않는 것처럼 여겨진다. 그러나 애덤 스미스의 다른 저서인 『도덕감정론』은 인간의 행동과 행위에 영향을 미치는 '다른 동기들(예, 동정심)과 그 역할'에 대해 광범위하게 논의하였다.

애덤 스미스는 이기심(자기애) 이외에도 '경제시스템'과 '시장'의 기능이 '다른 동기들'에 의해 어떻게 큰 도움을 받을 수 있는지에 대해서 자세히 논의했다. 이는 경제시스템과 시장에서 이기심 이외에 다른 동기들이 작용하고 있음을 의미한다. 이와 관련하여 두 가지 논의를 제시할 수 있다. 첫째, '인식론epistemology'[1]에 바탕을 둔 논의이다. 이는 인간은 '이기심'이나 '신중함' 하나만으로 행동하지 않는다는 사실에 기초하고 있다. 둘째, '실천 이성practical reason'[2]에 기초한 논의이다. 이는 '이기심 이외의 동기들'을 장려하는 '선의의 윤리적 및 실천적 동기'(예, 자비심, 박애, 정의, 관대함, 공공심 등)에 바탕을 두고 있

---

1 '인식의 기원과 본질, 인식 과정의 형식과 방법 등에 관해서 연구하는 철학의 한 부문'을 말하며, '지식 철학'이라고도 불린다.
2 '도덕적 원리를 인식해서 욕망을 통어(統御)하고, 의지·행위를 규정·평가하는 이성'을 말하며, 칸트 철학의 중요 개념이다.

다. 실제로 애덤 스미스는 이기심이나 신중함이 "모든 미덕 중에서 '개인'에게 가장 유익한 미덕"이지만, 자비심, 박애, 정의, 관대함, 공공심은 "'타인'에게 가장 유익한 품성[미덕]"이라고 주장했다. 그러나 현대 경제학의 상당 부분은 애덤 스미스를 해석할 때 이 두 가지 논의를 모두 '잘못' 이해하고 있다(Sen 2010).

〈표 1〉 인간의 미덕 유형

'개인'에게 가장 유익한 미덕	'타인'에게 가장 유익한 미덕
이기심, 신중함	동정심, 자비심, 박애, 정의, 관대함, 공공심

세계 각국이 때때로 직면하는 경제 위기(예, 과거 글로벌 경제 위기)의 본질은 '절제하고 품위 있는 사회'를 만들기 위해 '무절제한 이기심의 추구'에서 벗어나야 할 필요성을 매우 분명하게 보여 준다. 단적인 예를 들면, 2008년 미국에서 발생한 대규모 경제 및 금융 위기에서 미국의 일반 대중들과 정치가들은 '월스트리트Wall Street의 탐욕'을 강하게 비판했다. 일찍이 애

덤 스미스는 '인간의 과도한 탐욕'에 대해 흥미로운 진단을 내렸다. 그는 '이익을 추구하기 위해 과도한 위험을 만들어 내거나 조장하는 사람들'을 "탕자蕩子와 투기꾼prodigal and projector"이라고 불렀다. 이 표현은 2008년 미국의 금융 위기에서 신용스와프보험과 서브프라임 모기지[3]와 관련된 많은 기업가를 묘사하는 데 아주 적절하였다. 오늘날 우리나라에서도 이러한 유형의 기업가들을 많이 찾아볼 수 있다.

애덤 스미스가 사용한 "프로젝터projector"라는 용어는 '프로젝트를 만드는 사람(계획자)'이라는 중립적인 의미가 아니라, 영국에서 1616년부터 흔히 사용되었던 경멸적인 의미의 "거품이나 유령 기업들의 발기인이나 투기꾼, 또는 사기꾼"을 뜻한다. 실제로 1726년(『국부론』이 출간되기 50년 전)에 출간된 『걸리버 여행기Gulliver's Travels』에서 조너선 스위프트Jonathan Swift[4]가

---

3 신용도가 낮거나 금융거래 실적이 없는 개인을 대상으로 하는 '미국의 주택담보대출'을 말한다. 보통 모기지 대출 금리보다 2-3%포인트 높다. 주택 경기가 좋을 때 금융기관이 다투어 대출해 준 후 주택 가격이 떨어지면서 부실이 급속화되어 금융기관 부실로 이어지는 등 금융시장의 혼란을 초래하였다.

4 영국 풍자작가 겸 성직자이자 정치평론가였다. W. 템플의 비서로서의 생활은 말년의 풍자작가로서의 그의 성격 형성에 크게 영향을 미쳤다. 정계와 문단의 배후

노골적으로 묘사한 "투기꾼들"의 모습은 애덤 스미스가 염두
에 두었던 개념과 거의 일치하였다. 어떤 국가가 '규제되지 않
은 시장경제'에 전적으로 의존한다면 애덤 스미스가 다음과
같이 묘사한 '끔찍한 곤경'에 처할 수 있을 것이다.

> [어떤 국가가 '규제되지 않은 시장경제'에 전적으로 의존한다
> 면] 그 국가의 자본 상당 부분이 '자본을 가장 수익성 있
> 게 만들고 이익을 가져다줄 수 있는 사람들의 손'에서
> 빠져나와, '자본을 가장 낭비하고 못쓰게 만들 수 있는
> 사람들의 수중'에 들어가게 될 것이다.
>
> A great part of the capital of the country is kept out of
> the hands which were most likely to make a profitable
> and advantageous use of it, and thrown into those which
> were most likely to waste and destroy it. (Smith 2000, I.3.75)

애덤 스미스를 '순수한 이윤 동기가 이끄는 시장메커니즘'

실력자로 여겨지기도 했다. 주요 저서로 『걸리버 여행기』 등이 있다.

에 전적으로 의존하는 '순수한 자본주의의 옹호자'로 인식하려는 의욕적인 시도는 완전히 잘못된 생각이다. 애덤 스미스는 자신의 저서들에서 "자본주의capitalism"라는 용어를 한 번도 사용한 적이 없다. 더욱이 그는 '이윤에 기반한 시장메커니즘의 위대한 옹호자'가 되려고 한 적도 없었고, 시장 이외의 다른 경제제도의 중요성에 반대하지도 않았다.

애덤 스미스는 '잘 작동하는 시장경제의 필요성'에 대해서는 확신했지만, '시장경제의 충분성'에 대해서는 확신하지 못했다. 즉, 애덤 스미스는 잘 작동하는 시장경제가 필요하다고 확신했지만, 시장경제가 충분하다고는 생각하지 않았다. 그는 시장경제의 끔찍한 "과실 행위commissions"('하지 말아야 할 것을 함')에 대한 많은 잘못된 진단들에 강력히 반대했지만, 시장경제가 중요한 "태만 행위omissions"('해야 할 것을 하지 않음')를 낳는다는 사실도 부인하지 않았다. 따라서 '시장을 배제하는 정부 개입들'(즉, '과실 행위'에 해당)은 거부했지만, 마땅히 해야 함에도 시장이 방치할 수 있는 중요한 일들을 하기 위한 '시장을 포함하는 정부 개입들'(즉, '태만 행위'에 해당)은 거부하지 않았다.

2장

—

애덤 스미스에 대하여

1. 애덤 스미스 소개

오늘날 많은 사람들은 애덤 스미스를 '현대 경제학의 창시자'로 여기고 있다. 애덤 스미스는 1723년 스코틀랜드에서 태어나 홀어머니 밑에서 자랐으며, 그 후 커서는 글래스고대학교와 옥스퍼드대학교에서 철학을 공부하였다. 특히 그는 옥스퍼드대학교 시절을 회상하면서 "교수들의 대부분이 심지어 가르치는 척조차도 아예 포기하였다"라고 말했다.

애덤 스미스는 유럽 전역을 여행하면서 프랑스의 툴루즈

Toulouse 지역을 방문하였으며, 거기서 그는 "할 일이 거의 없어서" "그저 시간을 보내기 위해 책을 쓰기" 시작했다고 밝혔다. 이 책의 이름은 『국부의 본질과 원인에 대한 연구』(일명 『국부론』)로서 경제학 역사상 가장 유명한 책이 되었다.

애덤 스미스는 1776년에 이 유명한 책을 출간하였고, 여기서 다음과 같은 질문을 제기하였다. 사회는 다수의 경제 행위자들(즉, 생산자들, 운송업자들, 판매자들, 소비자들)의 독립적인 활동들이 종종 서로에게 잘 알려지지 않고 전 세계에 널리 흩어져 있음에도 이들을 어떻게 조정할 수 있는가? 이에 대한 애덤 스미스의 급진적 주장에 따르면 '이러한 모든 행위자들 간의 행동 조정이 "자연적"으로 일어날 수 있으며('자연적 질서'가 형성됨), 어떤 사람이나 기관이 의식적으로 그것을 만들거나 유지하려고 시도할 필요가 없다'. 이러한 급진적 주장은 '정치·경제 체제'에 대한 '애덤 스미스 이전의 생각'(즉, 중상주의 체제)에 도전하는 것이었다. 애덤 스미스 이전의 정치·경제 체제에서는 지배자들이 자신의 국민들에게 질서를 부과하고 지킬 것을 강요하였다. 그러나 애덤 스미스는 이와 달리 사람들 간의 행동 조정이 '자연적'으로 일어난다고 주장하였다.

이보다 훨씬 더 급진적인 애덤 스미스의 생각은 '개인들이 "자신의 이익self-interest"을 추구한 결과로서 그러한 조정이 이루어질 수 있다'는 것이었다. 애덤 스미스는 『국부론』에서 "우리가 맛있는 저녁 식사를 할 수 있는 것은 정육점 주인, 양조업자 또는 빵집 주인의 '자비심' 덕분이 아니라 그들 '자신의 이익'에 대한 그들의 관심 때문이다"라고 썼다.

또한 애덤 스미스는 『국부론』의 다른 곳에서 경제학 역사상 가장 영속적인 은유들 중 하나인 "보이지 않는 손invisible hand"이라는 은유를 소개하였다. 그는 『국부론』에서 사업가는 "오직 자신의 이익만을 추구하며, 이렇게 함으로써 다른 경우들에서처럼 '보이지 않는 손'에 의해 자신이 전혀 의도하지 않았던 어떤 목적을 달성하게 된다. 또한 그가 전혀 의도하지 않았던 것이라고 해서 항상 사회에 더 나쁜 것은 아니다. 그는 '자신의 이익'을 추구함으로써 그 자신이 사회의 이익을 정말로 증진시키려고 할 때보다 종종 더 효과적으로 '사회의 이익'을 증진시킨다"라고도 서술하였다.

무엇보다도 애덤 스미스의 다음 생각은 그의 여러 혜안 가운데 하나이다. 즉, '번영의 중요한 원천은 노동분업division of labor이나 전문화specialization에 있으며, 이것은 또한 "시장의 크기"에 의해 제약을 받는다'는 생각이다. 애덤 스미스는 이러한 생각을 핀pin 공장에 관한 유명한 구절에서 다음과 같은 예로 설명하였다. 어떤 핀 공장에서 일하는 10명의 사람들 각자가 18가지 별개의 작업들 중에서 한 가지 또는 두 가지 작업에 '완전히 전문화'한다면 그들 모두는 하루에 약 50,000개(그들 각자는 하루에 약 5,000개)의 핀을 생산할 수 있다는 것을 알게 되었다. 그러나 "만약 그들 모두 전문화하지 않고 개별적이며 독립적으로 핀을 만들었다면 그들 각자는 확실히 하루에 20개의 핀도 만들 수 없었을 것이며, 더욱이 각자는 어쩌면 하루에 한 개의 핀도 만들 수 없었을지 모른다."

그러나 전문화로 생산된 막대한 양의 핀들은 어떻게 팔릴 것인가? 이제, 엄청난 수의 핀들이 생산 지점에서 '멀리 떨어진 곳'에서 판매되는 경우에만 그 구매자들을 찾을 수 있다. 따라서 항해할 수 있는 새로운 운하들의 건설과 외국 무역의 확대로 전문화가 촉진되었다. 그로 인한 경제 번영은 또한 경제 팽창의 선순환을 낳았고, 그 결과 "시장의 크기"를 확대할 수 있었다.

애덤 스미스는 결코 "사람들은 오로지 '자신의 이익 추구'에 의해서만 자신의 행동이 이끌어진다"라고 생각하지 않았다! 그는 자신의 두 번째 저서인 『국부론』이 출간되기 17년 전에 『도덕감정론』(1759)이라는 '인간의 도덕적 행동'에 관한 책을 출판했다.

또한 애덤 스미스는 '시장 제도가 약간의 결함들을 가지고 있다'라고 이해하였다. 특히 시장에서 판매자들이 서로 간에 경쟁을 피하기 위해 '단결한다면' 더욱 그렇다고 여겼다. 그는 『국부론』에서 "같은 업계에 종사하는 사람들은 좀처럼 함께 만나지 않으며 심지어 유흥과 오락을 위해서 만나더라도 그들의 대화는 일반 대중에 대한 음모陰謀나 가격 인상을 위한 교묘한 계략으로 끝난다"라고 서술하였다.

애덤 스미스는 특히 '정부가 보호해 주는 독점들'을 표적으로 삼았다. 그러한 예로 '영국 동인도회사'[5]를 들었다. 영국 동인도회사는 인도와 영국 간의 무역을 통제했을 뿐만 아니라

5　17-19세기에 동인도(East Indies)와의 무역을 위해 영국, 네덜란드, 프랑스 등이 설립한 회사이다.

인도에서 영국 식민지의 대부분을 관리하기도 하였다.

애덤 스미스는 '정부가 (1) 외부의 적들로부터 그 국가와 국민을 보호해야 하며, (2) 경찰 및 법원 제도를 통해 정의를 보장해야 한다'는 당시 사람들의 견해에 동의했다. 또한 교육과 공공사업들(예를 들어, 교량, 도로, 운하 등)에 대한 정부의 투자를 적극적으로 옹호했다.

오늘날 애덤 스미스는 '경제 번영은 자유시장이 성립하기 위한 조건들하에서 사람들이 사익私益을 추구할 때 발생한다'는 보편적 생각과 깊이 연관되어 인식되고 있다. 그러나 앞에서 살펴본 여러 문제에 대한 애덤 스미스의 생각들은 오늘날 사람들의 인식과는 '미묘한 차이점'을 가지고 있음에 유의해야 한다.

애덤 스미스는 온화하고 내성적인 성질을 지닌 사람으로서 '학문적으로 평온무사한 삶'을 살았다. 앞에서 간단히 언급했듯이 그는 1723년 스코틀랜드 파이프Fife주 커콜디Kirkcaldy에서 태어났다. 처음에는 스코틀랜드 글래스고대학교에서 공부했고, 1740년(17세) 옥스퍼드대학교 베일리얼 칼리지에서 공부했으나 이곳을 매우 싫어했다. 당시 베일리얼 칼리지는 고高교회파High Church[6] 소속이었고 토리Tory당을 지지했으며 파벌적(당파적)이었다. 그뿐만 아니라 비용이 많이 들었고 스코틀랜드 사람들을 혐오했다. 반면에 애덤 스미스는 장로교Presbyterian 신자였고, 휘그Whig당을 지지했으며, 사교적이고 가난한 스코틀랜드 사람이었다. 한마디로 베일리얼 칼리지에서의 생활은 애덤 스미스에게 결코 행복한 조합이 아니었다.

애덤 스미스는 마침내 1746년에 옥스퍼드를 떠나 한동안 커콜디 집에 머무른다. 그 후 다시 글래스고대학교로 되돌아와 1751년(28세) '수사학 및 논리학' 교수로 재직했다. 1764년(41세)에는 젊은 부클루치 공작Duke of Buccleuch(당시 10대)의 가정교사로 장기간 프랑스 여행을 떠났으며, 나중에 '스코틀랜드 관세청장'으로 취임했다. 애덤 스미스는 40년이 넘는 세월 동안 『도덕감정론』(36세)과 『국부론』(53세)이라는 불후의 명저를 출간했다.

애덤 스미스의 사적인 견해들에 관해서는 알려진 것이 거의 없다. 정치의 경우 애덤 스미스는 대체로 휘그당 지지자(휘

---

6 '교의와 의식을 중시하는 영국 국교의 한 파'를 말한다.

그주의자)였으며 입헌 군주제, 종교적 관용, 개인의 자유 등이 가져다주는 미덕을 확고하게 믿었다. 이것은 당시 휘그당의 이념과 같았다. 그러나 그는 일생 동안 자신의 '정치적 견해'에 관해서 놀라울 정도로 입을 굳게 다물고 살았다. 또한, 가끔 딴 데 정신이 팔리는 것으로 유명했다. 한번은 대화에 너무 열중하여 무두질 구덩이에 빠진 적도 있었다. 더욱이 결혼도 하지 않고 평생 독신으로 지냈으며, 자식도 없었다. 우리가 아는 한 비밀 연애도 없었고, 숨겨진 악행도 없었으며, 대학생 시절의 못된 장난들도 없었고, 어른이 되어서도 사소한 실수들조차 없었다. 따라서 우리가 애덤 스미스로부터 흥미진진한 일신상의 일들을 기대한다면 그의 삶은 '무미건조한 사하라 사막'과도 같다.

그러나 애덤 스미스가 우리에게 기억되는 것은 그의 통찰력 있는 사상 때문이며, 그 사상과 영향력을 통해 오늘날 애덤 스미스는 살아 숨 쉬고 있다. 애덤 스미스 사상의 중심에는 '위대한 계몽주의 프로젝트'가 자리 잡고 있다. 이 프로젝트는 다름 아닌 흄David Hume이 "인간에 대한 과학a science of man"(인간 과학, 인간학[7])이라고 묘사했던 것을 규명하는 일이었다. 이는 철학, 종교, 정치경제학, 법학, 예술뿐만 아니라 과학, 심지어 언어까지 포괄하는 인간 삶의 모든 주요 측면에 걸쳐서 '통일되고 일반적인 설명'을 제시하는 것이었다.[8] 무엇보다도 애덤 스미스의 이러한 '인간에 대한 과학'은 자연법이나 신의 영감, 종교적 교리가 아니라 '관찰과 경험'에 바탕을 두었다.

2. 오늘날 왜 애덤 스미스가 중요한가?

애덤 스미스가 왜 중요한가? 그것은 인간의 본성과 도덕성을 분석하고 있기 때문이다. 『국부론』은 이미 잘 알려져 있듯이 역사상 가장 영향력 있는 저작들 중의 하나로 손꼽힌다. 무엇보다도 애덤 스미스는 '인간 사회가 어떻게 작동되는지'에 대해 기존의 생각을 타파하고 완전히 새로운 이해를 세웠으며, 이를 바탕으로 고대로부터 현대에 이르기까지 '인간

7　인간성의 본질, 우주에서의 인간의 지위와 의의 등에 대한 철학적 연구를 말한다.
8　이는 뉴턴이 '우주론(cosmology)'(우주의 기원과 발달을 연구하는 학문, 즉 '우주에 대한 과학')에서 전개한 방식과 유사하다.

의 경제생활의 원리'에 대한 우리들의 사고방식을 획기적으로 변화시켰다.

1) 당시 경제학의 낡은 생각: 중상주의와 그 오류

애덤 스미스가 '우리의 생각을 너무나도 크게 변화시켜서' 그의 생존 당시에 유행하였던 경제시스템은 이제 언급조차 하기 어렵다. 애덤 스미스 생존 당시에는 '중상주의重商主義' 사고가 널리 유행하였다. 중상주의는 '국가의 부富를 한 나라의 금·은의 저장량'으로 측정하였다. 중상주의에 따르면 외국으로부터 재화를 수입하는 것은 자국에 '해로운 것'으로 여겨졌다. 왜냐하면 수입품에 대한 대금을 지불하기 위하여 그 금액만큼 자국이 보유한 금과 은을 내주어야(유출해야) 하며, 그 결과 자국의 부가 줄어들기 때문이다. 반면에 자국의 재화를 외국에 수출하는 행위는 '좋은 것'으로 여겨졌다. 왜냐하면 수출품에 대한 대금으로 귀금속들(즉, 금과 은)이 자국으로 들어오며(유입되며), 그 결과 자국의 부가 늘어나기 때문이다. 따라서 중상주의에 따르면 (1) '무역은 판매자(수출업자)에게만 이익을 가져다주며', (2) '어느 한 나라(수출국)는 다른 국가들(수입국들)이 빈곤해지는 경우에만 더 부유해질 수 있다'.

이러한 생각을 바탕으로 각국에서 자국의 부가 외국으로 유출되는 것을 방지하는 각종 통제 조치들(수입품들에 대한 관세들, 수출업자들에 대한 보조금, 국내 산업들을 위한 보호조치 등)로 가득 찬 거대한 전당殿堂이 세워지게 되었다. 심지어 당시 영국의 미국 식민지들도 중상주의하에서 불리한 위치에 놓이게 되었으며, 그 결과 나중에 보스턴 차茶 사건(1773)과 독립전쟁(1775-1783)이라는 비참한 결과를 맞게 되었다. 실제로 국가 간의 모든 무역(수출과 수입)은 '보호무역'이라는 의심을 받게 되었고, 또한 '보호주의 문화'는 국내 경제에도 스며들게 되었다. 예를 들면, 영국 내에서 각 도시는 다른 도시들로부터 장사를 하려는 기술공과 장인들이 들어오지 못하게 하였다. 또한 제조업자들과 상인들은 '보호적 독점'을 획득하기 위하여 왕에게 청원하였다. 노동 절약적 도구들(예를 들면, 새로운 양말 짜는 기계)도 기존 생산자들에게 위협이 된다는 이유로 도입이 금지되었다.

2) 자유 교환의 생산성과 이점

애덤 스미스는 이러한 거대한 중상주의 전당은 하나의 '잘못된 생각'에 기반을 두고 있을 뿐만 아니라 '의도와 반대되는' 결과를 초래한다는 사실을 보여 주었다. 애덤 스미스는 '자유 교환을 통해 거래의 양 당사자들은 교환이 있기 전에 비해 더 나아진다'고 주장하였다. 즉, 자유 교환을 통해 거래의 양 당사자들은 모두 이익을 얻는다. 이러한 주장을 구체적으로 설명하면 다음과 같다. 첫째, 만약 양 당사자들이 교환으로부터 손실을 본다고 생각한다면 어느 누구도 교환에 참가하지 않을 것이다. 둘째, 교환을 통해 판매자뿐만 아니라 '구매자'도 이익을 얻는다.[9] 셋째, 자국의 수출이 다른 나라 사람들에게 이익이 되는 것처럼 외국으로부터의 '수입'도 자국 사람들에게 이익이 된다. 마지막으로, 우리(또는 자국)가 '부유하기' 위하여 다른 나라 사람들(또는 다른 국가들)을 '빈곤하게' 할 필요가 없다. 게다가 우리의 고객들(이웃 국가들 또는 외국)이 부유하다

---

9 중상주의하에서 무역은 판매자(수출업자)에게만 이익을 가져다준다.

면 우리는 더 많은 이익을 얻을 수 있다. 이는 오늘날 유행하는 "근린(이웃 국가) 궁핍화beggar-thy-neighbor"가 아니라 "근린 부유화richer-thy-neighbor"와 같다.

'자유로운 교환이 양 당사자들에게 이익이 된다'는 기본적인 사실을 바탕으로 애덤 스미스는 농업과 제조업이 국가의 부를 증가시키는 것처럼 '무역과 교환도 확실히 우리의 부를 증가시킨다'고 주장하였다. 한 나라의 부는 '자국의 금고 속에 들어 있는 금과 은의 양'이 아니라 '자국의 생산과 무역(수출과 수입)의 합계'이다. 오늘날 우리는 이것을 '국내총생산GDP, Gross Domestic Product'이라고 부른다.

애덤 스미스의 이러한 주장은 당시에 새로운 생각이었을 뿐만 아니라 매우 설득력 있는 생각이었다. 이 새로운 생각은 16세기 이래 유럽 국가들에 세워져 온 많은 무역 장벽들을 옹호한 중상주의라는 '거대한 지적 결함'을 파괴시키는 데 결정적 기여를 하였다. 또한 애덤 스미스의 새로운 생각은 공허한 이론이 아니라 실제적으로도 유용하였다. 『국부론』은 직선적이며 날카롭고 도전적인 문체와 냉소적인 기지로 저술되었고, 다양하고 풍부한 사례들을 가지고 있다. 따라서 애덤 스미스의 생각을 행동으로 옮기려는 실제적인 사람들에게 쉽게 다가갈 수 있었다.

안타깝게도 『국부론』은 영국의 미국 식민지와의 전쟁(독립 전쟁, 1775-1783)을 저지하기에는 너무 늦게 나왔다. 그러나 『국부론』은 영국 수상이었던 윌리엄 피트^{William Pitt}의 자유무역과 조세 단순화 옹호론의 초석이 되었고, 그 후 로버트 필^{Robert Peel} 경[10]의 농업 시장 자유화 조치의 근거가 되었다. 아마 틀림없이 『국부론』은 자유무역과 경제 팽창을 이룩한 '위대한 19세기 시대'의 이론적 및 실제적 토대였다고 해도 과장이 아닐 것이다. 자유무역을 실현하는 데에는 여러 실제적 어려움들이 있지만 『국부론』 덕분에 오늘날 '자유무역'이라는 상식은 전 세계적으로 널리 받아들여지고 있다.

3) 자유에 바탕을 둔 사회 질서: '번영적 사회 질서' 달성

애덤 스미스 자신은 『국부론』의 이러한 영향력을 기대하

---

10 영국 총리 재직 시 곡물법(Corn Law) 폐지(1846)를 주도했다.

지 않았을 것이다. 우선, 그의 '개인의 자유'와 '상업(교환)의 자유'에 대한 무한한 신뢰는 직접적으로 '인간 사회들이 실제로 어떻게 작동하는지'에 대한 '근본적이고 새로운 이해'로부터 비롯되었다. 애덤 스미스는 '사람들이 서로 간에 함께 살면서 일하기 위한 방법들을 찾으려 애쓸 때 사회적 조화가 자연적으로 발생한다'고 생각하였다. 그는 "자유와 사익 추구는 결코 사회적 혼란이나 무질서를 초래하지 않으며, 오히려 '보이지 않는 손'에 이끌려 사회적 질서와 조화를 가져다준다"라고 주장하였다.

또한, 자유와 사익 추구는 '각종 자원들의 가장 효율적인 사용과 배분'을 가져다준다. 어느 한 사회에서 자유인들이 오직 자신의 상태를 더 낫게 하기 위하여 다른 사람들과 거래(즉, 자발적 거래)를 할 때 당해 사회의 토지, 자본, 기술, 지식, 시간, 모험심(기업심), 창의력 등은 자동적으로 그리고 필연적으로 사람들이 가장 가치 있게 평가하는 용도와 목적에 사용될 것이다. 그 결과 사회와 국가를 경제적으로 번영시킨다. 이와 같이 자유와 사익 추구는 (1) 사회적 질서와 조화, 그리고 (2) 자원의 효율적인 배분을 통해 사회와 국가를 번영시킨다. 따라서 자유와 사익 추구는 "번영적 사회 질서prospering social order"
를 가져다준다.

따라서 '번영적 사회 질서'의 유지는 왕(군주)과 각료들의
지속적인 관리나 감독을 필요로 하지 않는다. 오히려 번영적
사회 질서는 인간 본성(즉, 자유와 사익 추구)의 산물로서 유기적
으로 생겨날 것이다. 그러나 번영적 사회 질서가 가장 잘 조
성·유지·발전되고 효율적으로 작동하려면 (1) 자유 교환이
보장되고 강제가 없으며, (2) 개방적이고 경쟁적인 시장이 필
요하다. 또한 '불'을 담기 위하여 '쇠 바구니'가 필요한 것처럼
'개방적이고 경쟁적인 시장'을 유지하려면 '각종 규칙들'이 필
요하다. 그러나 그러한 규칙들[예를 들면, 정의(공정)의 규칙과 도덕
의 규칙 등]은 보편적이어야 하며 특정 개인과 관계가 없어야 한
다. 환언하면, 개방적이고 경쟁적인 시장을 유지하는 데 필요
한 규칙들은 '중상주의자 기관들'이 특정 개인을 위해 개입하
는 수단이 되어서는 안 된다.

따라서 『국부론』은 오늘날 우리들이 이해하고 있는 '경
제학'에 대한 위대한 연구일 뿐만 아니라, 인간의 생활, 후생
welfare, 정치 제도, 법, 도덕 등을 다루는 '인간의 사회심리학'에

대한 선구적인 연구이기도 하다.

4) 도덕(윤리)의 심리학

애덤 스미스는 지식인이 과학, 예술, 문학, 철학, 고전, 윤리학 등 모든 분야의 학문에 대해 정통할 수 있는 시대에 태어나서 살았다. 실제로 애덤 스미스는 모든 분야의 학문에 정통하였다. 그는 방대한 장서들을 모았으며, 이를 바탕으로 법과 정부에 대한 서적뿐만 아니라 학예^{學藝}[11]에 대한 역사서도 쓰려고 계획하였다. 애덤 스미스를 최초로 유명하게 만들어 준 책은 『국부론』이 아니라 도덕에 관한 저서인 『도덕감정론』이었다. 오늘날 『도덕감정론』은 『국부론』보다 덜 유명하지만, 애덤 스미스 생존 당시에는 『국부론』만큼이나 영향력이 컸고, 또한 『국부론』만큼이나 애덤 스미스에게 중요하였다.

『도덕감정론』은 '사람들이 도덕적 판단을 형성하는 기초'를 밝혀내려고 했다. 『국부론』에서처럼 애덤 스미스는 이 문

---

11 '중세의 문법, 논리학, 수사학, 산수, 기하학, 음악, 천문학 등'을 말한다.

제를 '심오한 인간심리학'의 문제로 바라보았다. 인간은 다른 사람들에 대해 "자연적 동정심natural sympathy"(애덤 스미스가 말한 '동정심'은 오늘날 '공감'으로 이해되기도 함)을 가지고 있다. 자연적 동정심은 사람들로 하여금 (1) 자신의 이기적 행동을 어떻게 자제하고, (2) 사회적 조화를 어떻게 유지하는지에 대해 깨닫게 해 준다. 따라서 자연적 동정심은 인간 행동에 대한 '도덕적 판단의 기초'이자 '인간 본성의 원천'이다.

5) 사익 추구와 미덕(자비심)의 조화

이제까지 설명했듯이 '이기심' 또는 '사익 추구'는 애덤 스미스의 경제 체계를 움직이게 하는 원동력이고, '동정심'(공감)은 애덤 스미스의 도덕 체계를 이끄는 동인動因이다. 오늘날 일부 사람들은 '어떻게 이기심 또는 사익 추구가 동정심과 조화될 수 있는지' 궁금해한다. 애덤 스미스는 이에 대해 다음과 같이 묘사하였다.

인간이 아무리 '이기적'이라고 할지라도 분명히 인간의

본성에 어떤 '도의principles'가 있기 마련이다. 인간의 도의란 '이기적인 사람이 다른 사람들의 행복fortune에 관심을 가지고, 그들이 진정으로 행복해지기를 바라는 마음'을 말한다. 그러나 그는 다른 사람들의 행복을 보는 즐거움 이외에는 아무것도 얻지 못한다.[12]

How selfish soever man may be supposed, there are evidently some principles in his nature, which interest him in the fortune of others, and render their happiness necessary to him, though he derives nothing from it except the pleasure of seeing it. (Smith 1984, I.1.9)

다시 말하면, 인간의 본성은 '복잡하다'. 제빵업자는 자신의 자비심으로 우리들에게 빵을 공급하지 않는다. 또한 어떤 사람이 물에 빠진 낯선 사람을 구하기 위하여 강에 뛰어드는

---

12 여기서 'principles'는 'moral principles'를 말하며 이는 사람이 마땅히 행해야 할 도덕상의 의리인 '도의(道義)' 또는 '절조'를 말한다. 또한 'fortune'은 보통 '운명'이지만, 여기서는 '행복'을 말한다.

것은 사익 추구가 아니다. 애덤 스미스의 위대한 두 저서는 사익을 추구하는 인간들이 어떻게 (1) '평화롭고'(조화롭고), (2) '생산적으로'(풍요롭게) 함께 살 수 있는지를 규명하기 위한 '상보적相補的 시도'이다. 여기서 '어떻게 평화롭게 사는가'의 문제는 '도덕적 영역'으로 『도덕감정론』에서 다루고 있고, '어떻게 생산적으로 사는가'의 문제는 '경제적 영역'으로 『국부론』에서 다루고 있다.

그러나 『국부론』은 오늘날 자주 풍자적으로 묘사되고 비난받고 있는 '사리사욕에 눈이 먼, 즉 도의심이 없는 자본주의dog-eat-dog capitalism'를 결코 지지하지 않는다. 사익 추구가 지나치게 이루어지지만 않는다면 경제를 생산적으로 움직이게 할 수 있다. 만약 진정한 공개 경쟁(또는 자유 교환)이 마련되어 있고 강제가 없다면 사익 추구는 '사회적 선善을 가져다수는 원동력'이다. 애덤 스미스는 『국부론』 전체에 걸쳐 인간의 본성인 사익 추구와 자비심(동정심)을 일관되게 주장하였다. 애덤 스미스는 국가의 후생과 특히 가난한 사람들의 후생을 상인들과 강자들의 특별이익special interests보다 더 중요하게 생각하였다. 또한 그는 자유 경쟁을 저해하려는 제조업자들과 이들을 도우려는 정부들을 비난하였다.

6) 인간 본성에 기초한 인간 사회

18세기의 사상가들은 성직자들에 의해 전해 내려온 교리나 정치적 기관(당국)들이 발포하는 명령들보다 '인간 사회를 위한 더 견고한 토대'가 있을 것이라고 믿었다. 인간 사회를 위한 견고한 토대란 무엇을 말하는가? 일부 사상가들은 이를 위해 법과 도덕에 기반한 '합리적 제도'를 찾으려 했다. 그러나 애덤 스미스는 무엇보다도 (과학, 언어, 예술, 상업 등을 포함하는) '인간 사회는 "인간 본성"에 깊이 뿌리박혀 있다'고 주장하였다. 애덤 스미스는 인간 사회를 이끄는 데 인간의 자연적 본능(천성)이 어떤 '과시적인 이성'이나 제도들보다 어떻게 더 나은 안내자인지를 보여 주었다. 만약 우리들이 특혜나 규제로 이루어진 모든 제도들을 없애고 오직 '자연적 자유natural liberty' 에만 의존한다면, 우리는 최초에 의도하지 않았지만 궁극적으로 '조화롭고, 평화롭고, 효율적인 사회 질서'를 누리게 될 것이다.

이러한 '자유로운 사회 질서'는 결코 이를 유지하기 위해 왕(군주, 대통령)과 각료(대신, 장관)들의 부단한 주의와 감시를 필요로 하지 않는다. 그 대신 자유로운 사회 질서는 '개인 간의 행위'에 대한 어떤 규칙들(예를 들면, 정의, 다른 사람들의 생명과 재산 존중 등)을 준수하는 인간에 의지하고 있다. 그 결과 모든 사람들에게 '유익한 사회 질서'가 자연적으로 생겨난다. 이와 같이 애덤 스미스는 인간의 본성을 통해 의도하지 않지만 '조화롭고, 평화롭고, 효율적인 사회 질서'(또는 '모든 사람들에게 호혜적인 사회 질서')라는 운 좋은 결과를 가져다주는 '인간 행동의 자연적 원리'를 밝혀내려고 했다.

3. '보이지 않는 손'과 자연적 질서

애덤 스미스의 인간학人間學은 '변화'를 전제로 하여 '인간 진보의 원인'을 탐구하였으므로 '진화론'이라고 할 수 있다. 애덤 스미스의 생각에는 '진화 메커니즘'이 내재되어 있으며, 이는 "보이지 않는 손"에 의해 표현되었다. '보이지 않는 손'이라는 말은 한편으로는 놀라운 통찰력으로 인해 크게 찬양되었지만, 다른 한편으로는 오해로 인해 공공연히 비난받아 왔다. 그의 여러 저서들에서 '보이지 않는 손'이라는 문구의 언급은 딱 '세 번뿐'이었다. 애덤 스미스의 '보이지 않는 손'은 자연선택의 결과로 '아래로부터 생겨나는 자연적 질서'이며, 그러한 질서는 개별 결정들이 가져다준 '의도하지 않은 결과'이다.

유명 골프 선수였던 박세리는 2024년 3월 25일 자신의 이름을 딴 '세리 박 챔피언십' 기자회견에서 다음과 같은 깨달음을 고백했다.

내 꿈이 나 자신만의 꿈이라고 생각했지만, 사실 내 꿈은 다른 누군가의 꿈이 실현될 수 있게 해 주는 것이었다. 우리의 꿈은 이처럼 서로 연결돼 있다.

박세리 선수가 미국 무대에 도전해 선수 생활을 한 것 자체가 그 자신은 물론이고 가족과 지인, 팬들과 유망주들의 꿈을 현실로 이뤄 낸 것이었다. 또한, 박세리 선수는 은퇴 후에도 주니어 대회 등을 열면서 더 많은 선수에게 더 많은 기회를 만들어 주려고 애썼다. 어린 선수들 각자가 품은 꿈을 이루는 것이 곧 박세리 자신의 꿈이 되었다. 이 말은 공교롭게도 애덤 스미스의 '보이지 않는 손'을 잘 표현하고 있다. 박세리 선수의 의미 있는 고백을 '애덤 스미스 방식'으로 표현하면 "내 꿈이 나 자신만의 꿈이라고 생각했지만, 사실 내 꿈은 '보이지 않는 손'에 이끌려 다른 누군가의 꿈이 실현될 수 있게 해 주는 것이었다"가 된다.

애덤 스미스는 어떤 사람들에게는 '자유의 위대한 옹호자'이지만, 다른 사람들에게는 '부와 불평등, 인간 이기심에 대한 옹호자'로 인식되고 있다. 철학, 정치학, 사회학을 포괄하는 애덤 스미스 사상의 영향력은 지적으로 비옥하고, 다방면에 걸쳐 있으며, 누구라도 그의 이름을 인용할 가치가 있다. 이로 인해 많은 정치 지도자들은 애덤 스미스를 '자신의 지지자'로 끌어들여 '과도한 해석을 하거나 노골적으로 남용할 유혹'에 사로잡힌다.

『국부론』을 읽어 본 적이 없는 사람들도 애덤 스미스가 '개인 이기심이 가져다주는 공공의 이익'과 '자유시장의 필요성'을 역설했으며, '경제 문제에 대한 정부 개입의 악영향'을 비판했다는 사실을 알고 있다. 또한, 그들은 애덤 스미스가 말한 "보이지 않는 손"이라는 은유에 익숙하며, 제빵사가 우리에게 일용할 양식을 제공하는 것은 '그의 자비심에서 비롯된 것이 아니다'라는 주장을 잘 알고 있다(본서 19-20쪽 참조).

아래에서는 현대의 '보이지 않는 손'에 대한 오해, 애덤 스미스의 '보이지 않는 손'에 대한 언급, 그리고 '보이지 않는 손'에 대한 '진짜 애덤 스미스'의 생각을 중심으로 간략히 살펴보기로 한다.

1) 애덤 스미스의 진화 메커니즘

애덤 스미스의 '인간학'은 단순히 '변화를 인식'하는 것이 아니라 '변화를 전제'로 하였다. 그의 인간학은 부분적으로 '인간 진보의 원인'을 탐구하는 것이었다. 사실상 애덤 스미스의 인간학은 '진화론'이다. 그것도 '단순한' 진화론이 아니라 거의 확실히 '진정한' 진화론의 핵심 부분이라고 할 수 있다. 왜 그런가? 애덤 스미스의 책들이 찰스 다윈Charles Darwin[13]에게 간접

---

13 '생물진화론'을 정립한 영국의 생물학자이다. 해군측량선 '비글호'에 박물학자로

적으로 강한 영향을 미쳤다고 여겨지기 때문이다.

애덤 스미스의 생각은 어떻게 '진화적'인가? 현대의 다원주의적 의미에서 진화는 '변이를 동반한 유전^{descent with modification}'(또는 '수정을 통한 나아짐')으로 표현된다. 이러한 정의는 오늘날 '생물학적인 유전'의 훌륭한 정의로 인식되며, 어떤 종種의 특성(형질)이 한 세대에서 다음 세대로 다른 형태로 유전되면서 소위 '적자생존適者生存'을 통해 덜 성공적인 형태를 제거하는 자연선택(자연도태)을 말한다.

애덤 스미스의 이론에는 두 가지 주요 메커니즘이 존재한다. 첫 번째는 '문화적 메커니즘^{cultural mechanism}'이다. 그는 『수사학 강의』에서 '새로운' 언어 관행과 용례가 "처음 사례를 보여 주고, 어떤 일반적인 규칙을 세울 의도가 전혀 없었던 사람들에게서 어떤 의도나 예지豫知도 없이" 어떻게 계속해서 나타나는지에 대해 언급하였다. 또한, 애덤 스미스는 『도덕감정

서 승선하여 남아메리카·남태평양의 여러 섬과 오스트레일리아 등을 항해·탐사했고, 그 관찰 기록을 『비글호 항해기』로 출판하여 진화론의 기초를 확립하였다. 1859년에 진화론에 관한 자료를 정리한 『종(種)의 기원(起原)』이라는 저서를 통해 '진화 사상'을 공개 발표하였다.

론』에서 한 걸음 더 나아가 (1) 사람들이 부분적으로 다른 사람들의 행동을 통해 자신의 행동을 보는 법을 배우고, (2) 그러한 행동의 실제 결과나 가능한 결과에 대해 판단을 내리는 '과정'에 관해 설명하였다. 동시에 사람들은 '공정한 관찰자impartial spectator'의 '중재적인 영향력'을 통해 지나친 열정이나 편견 없이 자신의 행동을 냉정하게 보게 된다. 애덤 스미스는 '그 결과 사람들은 자신의 행동이 초래하는 영향에 대해 신중히 파악할 뿐만 아니라, 일단 그것이 내면화되면 도덕적인 사람이 된다'라고 주장하였다. 즉, 진화론적 측면에서 실제적이고 가능한 행동 패턴들이 '자연적으로 그리고 모방을 통해' 나타나고, 그들 중 일부는 선택되거나 전달(유전)된다. 선택되거나 전달되는 행동은 규범이 되고, 추가적인 행동 및 선택 과정의 반복을 통해 다른 사람들에게 전달되며 이러한 과정이 계속된다. 이러한 복제와 선택 과정은 일반적으로 '사회적으로 유익'하지만, 항상 그럴 필요는 없다. '부유하고 유명한 사람들을 존경하는 인간 성향'의 예처럼 그러한 과정은 때로는 도덕적으로 의심스러울 수 있지만, 경제적으로는 가치가 있다. 또한, 그러한 과정은 때로 어떤 소집단에는 유익하지만, 더 넓은 사회에는 유익하지 않은 규범을 선택할 수 있다. 그러나 시간이 지남에 따라 사회 전체에 유익한 규범을 퍼뜨리는 경향이 있다.

다윈의 '자연선택'에서 선택된 속성(즉, 더 빠른 속도, 더 큰 힘, 더 나은 위장술 등)은 일반적으로 관련된 개체뿐만 아니라 집단(개체군) 전체에도 이익이 된다. 예를 들어, 빠른 치타들은 느린 치타들보다 더 사냥을 잘하며, 그로 인해 자연선택에서 선호되고, 그 결과 그들의 속도 유전자는 자손들에게 대대로 전해진다. 다른 종에서도 이러한 과정이 진행된다. 그러나 여기서 초점은 '양방향'에 있다. 즉, 자연선택은 양방향으로 일어난다. 애덤 스미스는 일찍이 인간의 삶에서 '개인적으로 유리한 행동'이 '사회적으로 (긍정적이 아니라) 부정적인 효과'를 초래할 수 있는 커다란 가능성을 인식하였다. 이러한 경우에 적절한 질문은 많은 진화론에서 주장하는 것처럼 '왜 개인의 행동이 집단에 이익이 되는가?'가 아니라 '개인의 나쁜 행동을 효과적으로 제한(억제)하고 처벌할 수 있는 도덕적 규범들이 어떻게 생겨나는가?'가 된다. 이에 대해 애덤 스미스는 다윈의 생물학적 진화와 마찬가지로 '도덕적 규범들도 "변이를 동반한 유전"을 통해서 생겨난다'라고 대답했다. 도덕적 규범의 효과는 '동적動的'이다. 즉, 아래에서 위로 (반드시 즉각적이지는 않더라도) 자연적으로 생겨나는 도덕적·사회적 질서를 만들어 내는 것이다. 또한, 이러한 결과로 생성된 규범과 가치는 인간의 제도로 진화한다. 애덤 스미스의 문화적 메커니즘은 '도덕적 및 사회적 규범들은 순전히 인간의 상호작용으로부터 자연적으로 생겨날 수 있다'라는 것을 말한다.

아래에서 애덤 스미스의 두 번째 메커니즘인 '진화 메커니즘'을 더 자세히 살펴보기로 한다.

2) 진화 메커니즘과 '보이지 않는 손'

(1)『국부론』에서의 "보이지 않는 손"

애덤 스미스의 생각에는 '진화 메커니즘evolutionary mechanism'이 있다. 애덤 스미스의 진화 메커니즘은 바로 '보이지 않는 손'에 의해 표현되었다. 그는 자신의『국부론』제4편에서 '보이지 않는 손'을 다음과 같이 언급했다.

각 개인은 다른 많은 경우와 마찬가지로 이 경우에도 '보이지 않는 손'에 이끌려 자신이 전혀 의도하지 않았던 목적을 달성한다. ⋯ 각 개인은 '자신의 이익'을 추구함으로써 종종 자신이 정말로 '사회의 이익'을 증대시키려고 할 때보다 더 효과적으로 사회의 이익을 증대시킨다.

Every individual is in this, as in many other cases, led by an invisible hand to promote an end which was no part of his intention. ⋯ By pursuing his own interest he frequently promotes that of the society more effectually than when he really intends to promote it. (Smith 2000, IV.2.9)

(2) '보이지 않는 손'에 대한 현대적 오해

'보이지 않는 손'이라는 말은 수십 년 동안 한편으로는 크게 찬양되었지만, 다른 한편으로는 공공연히 비난받아 왔다. 왜 그런가? 우선, '보이지 않는 손'은 '시장에서 작동하는 균형 메커니즘'으로 이해(오해)되고 있다. 많은 사람들은 '보이지 않는 손'을 '시장에서 벌어지는 경쟁을 통해 개인의 탐욕(이기심)

이 사회 전체의 후생을 가져다주는 신비한 균형 메커니즘'이라고 생각한다. 대표적인 예로 시장에서 수요와 공급이 '가격'이라는 '보이지 않는 손'에 의해 '균형'을 이룬다는 생각을 말한다. 이때 정부(또는 정부 개입)는 효율적인 시장과 사회의 총 후생의 달성을 가로막는 장애물이다. 오늘날 많은 경제학자들은 대학의 강의실에서 이 생각을 금과옥조처럼 가르치고, 모든 경제학도들도 그렇게 배우고 있다.

다음으로, '보이지 않는 손'은 '승자독식의 경제 체제'로 이해(오해)되고 있다. 일부 사람들은 '보이지 않는 손'을 '경제적인 힘이 없는 사람들에 대한 강제 행위를 정당화하는 비인간적인 시장의 힘에 기반한 승자독식 경제 체제'라고 여긴다, 이때 정부는 불공평과 불평등에 대한 필수적인 보호 장치이다.

또한, '보이지 않는 손'이라는 말은 과학적 기반 없이 그저 '반어적인 표현이나 신의 섭리'로 여겨져 왔다. 따라서 (1) 애덤 스미스의 '보이지 않는 손'이 무엇을 의미하는지, (2) '보이지 않는 손'이 과연 중요한지 아닌지, (3) 중요하다면 왜 중요한지 등을 명확히 하는 것이 중요하다.

(3) '보이지 않는 손'에 대한 언급과 그 의미

애덤 스미스의 여러 저서들에서 '보이지 않는 손'이라는 문구의 언급은 딱 '세 번뿐'이었다는 점에 주목하는 것이 중요하다. 애덤 스미스는 '보이지 않는 손'을 『국부론』(1776)에서 한 번, 『도덕감정론』(1759)에서 한 번, 그리고 『천문학의 역사』(1795)에서 한 번 언급했다.

첫째, 『국부론』에서 '보이지 않는 손'이라는 은유적 표현은 딱 한 번 등장하였으며, 그마저도 구체적으로 설명되거나 전개되지 않았다. 무엇보다 '보이지 않는 손'은 『국부론』의 중심 주제도 아니었다. 심지어 『국부론』에서도 '보이지 않는 손'은 일부 사람들이 주장하는 '자유로운 시장들과 이기심(사익 추구)이 가져다주는 유익한 효과'에 대한 찬가가 아니었다. 그러면 무엇을 말하는가?

『국부론』에서 '보이지 않는 손'이라는 표현은 '투자자의 안전에 대한 욕구desire for security'(투자자들이 안전한 국내에서 자신의 자본을 투자하려는 욕구)를 설명하는 과정에서 등장하였다. 이와 관련하여 애덤 스미스는 다음과 같은 협의적이고 상식적인 명제를 주장하였다. 즉, (1) 국내 자본은 그 국가의 방위를 위한 귀중한 자원이며, (2) 해외 무역이 초래하는 위험과 추가 비용이 사람들에게 '자연스럽게' 국내 시장에 투자하려는 경제적 유인을 제공해 준다고 다음과 같이 언급했다.

그러므로 각 개인은 (1) 국내 산업을 지원하는 데 자신이 가진 자본을 사용[투자]하고, (2) 그로 인해 그 산업이 생산하는 생산물의 가치가 최대가 되도록 이끌기 위해 최대한의 노력을 기울인다. 또한, 각 개인은 필연적으로 자신이 속해 있는 사회의 연간 수익을 최대로 하기 위해 노력한다. 그러나 실제로 각 개인은 일반적으로 (1) 공익을 증진하려는 의도가 전혀 없으며, (2) 또한 자신이 얼마나 공익을 증진하고 있는지도 모른다. 각 사람은 외국 산업보다 국내 산업의 지원을 선호함으로써 자신의 안전만을 생각한다. 또한, 각 개인은 자신의 자본을 사용하는 국내 산업이 생산하는 생산물의 가치가 최대가 되도록 이끎으로써 '자신의 이익'만을 꾀한다. 각 개인은 다른 많은 경우와 마찬가지로 이 경우에도 **보이지 않는 손**'에 이끌려 자신이 전혀 의도하지 않았던 목적을 달성

한다. 또한, 의도치 않게 달성된 목적이 사회의 주요 부
분이 아니라고 해서 항상 사회에 더 나쁜 것은 아니다.
각 개인은 ‘자신의 이익’을 추구함으로써 종종 자신이
정말로 사회의 이익을 증대시키려고 할 때보다 더 효과
적으로 사회의 이익을 증대시킨다.

As every individual, therefore, endeavours as much as he
can both to employ his capital in the support of domestic
industry, and so to direct that industry that its produce
may be of the greatest value; every individual necessarily
labours to render the annual revenue of the society as
great as he can. He generally, indeed, neither intends to
promote the public interest, nor knows how much he is
promoting it. By preferring the support of domestic to
that of foreign industry, he intends only his own security;
and by directing that industry in such a manner as its
produce may be of the greatest value, he intends only his
own gain, and he is in this, as in many other cases, led by
an **invisible hand** to promote an end which was no part

of his intention. Nor is it always the worse for the society that it was no part of it. By pursuing his own interest he frequently promotes that of the society more effectually than when he really intends to promote it. (Smith 2000, IV.2.9)

『국부론』을 쓸 당시가 '중상주의 시대'였다는 점을 감안하면 국내 자본은 총이나 무기와 같은 방위 수단, 즉 '자본 방위'로서 여겨졌을 것이다. 이러한 상황에서 사람들은 위험과 비용이 수반되는 해외 시장에 자신의 귀중한 자본을 투자하기를 피하고, '자연히' 안전한 국내에 자신의 자본을 투자하려는 경제적 인센티브를 가질 것이다. 여기서 '자연히'라는 말은 곧 '보이지 않는 손에 이끌려'라는 표현과 일맥상통한다.

둘째, 『도덕감정론』에서도 '보이지 않는 손'이라는 은유적 표현은 딱 한 번 등장하였다. 여기서의 언급은 다른 두 책에서보다 더 관련성이 있다. 『도덕감정론』에서 애덤 스미스는 '부자들의 기여'를 설명하면서 다음과 같이 '보이지 않는 손'을 언급했다.

부자들은 '**보이지 않는 손**'에 이끌려 생활 필수품을 거의 똑같이 분배한다. 이는 마치 대지^{大地}가 모든 거주자에게 균등하게 분배되는 경우와 같다. 그러므로 부자들은 '보이지 않는 손'에 의한 그러한 분배를 '전혀 의도하지 않거나 알지도 못한 채' 사회의 이익을 증진시키고, 종의 번식을 위한 수단을 제공해 준다.

They are led by an **invisible hand** to make nearly the same distribution of the necessaries of life, which would have been made, had the earth been divided into equal portions among all its inhabitants, and thus without intending it, without knowing it, advance the interest of the society, and afford means to the multiplication of the species. (Smith 1984, IV.1.10)

애덤 스미스는 '부와 지위(권력)를 얻으려는 욕구가 자기개선(자기 향상)을 위한 엄청난 노력의 원동력이 된다'라고 주장하였다. 그러나 부자들은 막대한 부를 축적하더라도 가난한 사람들보다 상대적으로 더 많이 소비하지 못한다. 그러면 부자들은 왜 부를 축적하려 하는가? 부자들은 자신의 부를 '더 많이 소비하기 위한 원천'이 아니라 자신을 '현혹시키는 수단'으로 인식한다. 부자들의 '부에 대한 현혹'은 다음과 같은 기능을 수행한다.

우선, 부에 대한 현혹은 인류의 근면을 일깨우고, 이를 계속 유지하게 한다. 둘째, 부에 대한 현혹은 인류가 처음으로 땅을 경작하고, 집들을 짓고, 도시들과 국가들을 건설하고, 모든 과학과 예술을 발명하고 개량하도록 자극한다. 셋째, 부에 대한 현혹은 인간의 삶을 고귀하게 하고 아름답게 한다. 마지막으로, 세계의 전체 모습을 완전히 바꾸어 놓은 것도 바로 부에 대한 현혹이다.

부자들의 '부에 대한 현혹'은 인류에게 어떤 결과를 가져다주었는가? 부자들의 부에 대한 현혹을 실행하기 위한 집단적인 노력은 인류 전체에 이익이 되는 엄청난 개선과 진보를 가져다주었다. 애덤 스미스의 주장에 따르면 "부자들의 타고난 이기심과 탐욕에도 불구하고, 부자들은 자신의 투자와 고용을 통해 가난한 사람들을 이롭게 한다." 이러한 다소 모호한 주장에는 (1) 부자들의 행동이 '보이지 않는 손'에 의해 '유익한 파급 효과'를 가져다주고, (2) 그 행동이 '의도적인 인간 설계human design의 실행'이 아니라 '자연적인 인간 행동human action의 결과'라는 심오한 뜻이 내포되어 있다.

마지막으로, '보이지 않는 손'이라는 문구는 『천문학의 역사』(『철학적 주제에 관한 에세이Essays on Philosophical Subjects』라고도 불림)에서도 한 번 등장하였다. 이는 아주 다른 맥락이므로 경제학과는 아무런 관련이 없다.

불은 타고 물은 흘러간다. 사물의 본질적 필연에 의해 [자연의 순리대로] 무거운 물체는 아래로 내려가고, 가벼운 물체는 위로 날아간다. 주피터[14]의 **'보이지 않는 손'**이 그러한 물체들의 활동에 관여하는 것으로 밝혀진 적도 없다. 그러나 천둥과 번개, 폭풍과 햇빛, 그리고 이보다 더 불규칙한 일[현상]들은 주피터의 은총이나 분노에 기인한 것으로 여겨졌다[이는 미신임]. … 그리하여 세계 최초의 시대에는 가장 저급하고 어리석은 미신이 철학의

---

14 로마 신화의 최고의 신으로 '하늘의 지배자'라 불린다.

자리를 대신했다.

Fire burns, and water refreshes; heavy bodies descend, and lighter substances fly upwards, by the necessity of their own nature; nor was the **invisible hand** of Jupiter ever apprehended to be employed in those matters. But thunder and lightning, storms and sunshine, those more irregular events, were ascribed to his favour, or his anger. ⋯ And thus, in the first ages of the world, the lowest and most pusillanimous superstition supplied the place of philosophy. (Smith 1980, III.2)

이때 '보이지 않는 손'은 개별적이고 종종 불운한 사건(현상)들에 대한 '과학적이지 않은 개인화된 설명'을 하는 과정에서 하나의 '외부적인 힘'을 지칭하는 데 사용된다. 이러한 생각은 '보이지 않는 손'을 개인 및 사회적으로 유익한 시장 현상들에 대한 '과학적이고 법칙적이며, 반복적이고 집단적인 설명'으로 이해하는 현대적 견해와 분명히 대조됨을 알 수 있다.

〈미신〉 애덤 스미스는 '보이지 않는 손'을 '시장에서의 균형 메커니즘'이라 했다.	
〈진실〉 애덤 스미스는 '다른 맥락'에서 '보이지 않는 손'을 언급했다.	
현대에서의 '보이지 않는 손'에 대한 인식과 오해	애덤 스미스의 '보이지 않는 손'에 대한 언급과 '진짜 애덤 스미스'의 생각
▶ 인식 (1) "모든 개인은 '보이지 않는 손'에 이끌려 자신이 전혀 의도하지 않았던 목적을 달성한다." (2) "모든 개인은 '자신의 이익'을 추구함으로써 '사회의 이익'을 증대시킨다." ▶ 오해 (1) 시장에서의 '균형 메커니즘'을 의미함. (2) '승자독식의 경제 체제'를 상징함. (3) '신의 섭리'로 인식됨.	(1) 『국부론』에서 1번 언급됨: "투자자의 안전에 대한 욕구"(즉, 투자자가 자신의 귀중한 자본을 안전한 국내에서 투자하려는 자연적 욕구) 맥락에서 언급됨. (2) 『도덕감정론』에서 1번 언급됨: "부자들의 부에 대한 현혹" 맥락에서 언급됨. (3) 『천문학의 역사』에서 1번 언급됨: "자연적 현상이나 미신" 맥락에서 언급됨.

3) '보이지 않는 손'과 자연선택 및 자연적 질서

이제까지 살펴보았듯이 애덤 스미스의 저서들에서 '보이지 않는 손'에 대한 언급이 총 3번 있었으나, '보이지 않는 손' 자체에 대한 체계적 이론은 없다. 또한, 애덤 스미스가 '많은 다른 시장들'에 대해 논의했지만, '보이지 않는 손'이라는 표현은 되풀이되지 않았다. 그러나 『국부론』에서 언급했듯이 '보이지 않는 손'은 "다른 많은 시장에서" 작동하고, 더 넓은 의미에서 '보이지 않는 손'이 나타내는 생각은 사실상 '애덤 스미스 생각의 핵심 부분'이다. 그 이후로 이 아이디어는 '사회과학 및 경제학의 근본'이 되어 왔다.

많은 상황에서 공개적인 경쟁과 자발적인 교환으로 조정되는 시장들은 '자연선택'과 유사한 역할을 할 수 있다. 자연선택 이론에 따르면 일반적으로 '지속적인 이익'을 낼 수 있는 개인들과 기업들은 시간이 지나도 생존하고, 그렇지 못한 개인들과 기업들은 도태된다. 이것은 다윈의 용어로 표현하자면 바로 '변이를 동반한 유전'(수정을 통한 나아짐)의 한 형태와도 같다. 자연선택의 결과로 '위에서부터 강요된 형태'가 아니라

‘아래로부터 생겨나는 자연적 질서 spontaneous order’가 출현한다. 그러나 이 경우에는 특히 도덕적 질서가 아닌 ‘정치·경제적 질서’이다. 애덤 스미스에 따르면 ‘자연적 질서’는 개별 결정들이 가져다준 ‘의도하지 않은 결과’이다. 관련된 사람들은 그런 종류의 결과를 알 필요가 없고, 또 알려고 원하지도 않는다. 그러나 사람들이 ‘의도적으로 행동’했다면 아마 유사한 유익한 결과를 얻지 못할 수 있다. ‘보이지 않는 손’에 의한 이러한 결과는 어떤 시장에서나 존재하며, 일종의 ‘기적’과도 같다.

3장

—

『국부론』에 대하여

1. 국부國富의 원천

애덤 스미스는 『국부론』을 집필하는 동안 다음 생각을 염두에 두고 있었다.

그러므로 왕과 대신들이 개인들의 검약을 감시하는 척하는 것은 가장 무례하고 주제넘은 일이다. 그 대신 왕과 대신들이 자신의 경비를 잘 관리한다면 사람들은 그들의 경비를 안전하게 신뢰할 것이다.

It is the highest impertinence and presumption, therefore, in kings and ministers, to pretend to watch over the economy of private people. Let them look well after their own expence, and they may safely trust private people with theirs. (Smith 2000, II.3.36)

『국부론』에는 종종 두서없거나 옆길로 새는 내용들, 예리한 명석함, 짜증스러운 주의 전환들, 한 곳에 집중된 통찰력 등이 모두 담겨 있어서 자칫하면 길을 잃고 헤매기 쉽다. 이 위대한 저서는 애덤 스미스가 '지적인 힘에 대한 비전'이나 '인류와 일반인에 대한 믿음'을 포기하지 않고 오랜 세월에 걸친 심오한 생각들을 쏟아부은 작품이다. 또한, 『국부론』에서 '경제와 도덕'은 어디에서도 분리되어 있지 '않다'. 경제와 도덕은 '정의, 권리, 역사, 자연'을 통해 분리되지 않고 서로 연결되거나 통합되어 있다. 이러한 이유로 도덕을 다룬 『도덕감정론』은 경제를 다룬 『국부론』의 거의 모든 페이지에 걸쳐 있다. 따라서 『도덕감정론』과 『국부론』은 별개의 책이 아니라 서로 연결되어 있다.[15]

모든 국가의 부는 두 가지 보편적인 원리에서 비롯된다. 첫 번째 원리는 "어떤 물건을 다른 물건과 거래하고 물물교환하거나, 화폐를 지급하고 교환(물화교환物貨交換)하려는 타고난 성향"(Smith 2000, I.2.1)인 '교환 본능'이다. 두 번째 원리는 "모태母胎에서 태어나 무덤에 들어갈 때까지 우리 곁을 한시도 떠나지 않은 것인바, 이는 우리의 상태를 더 낫게[개선] 하려는 욕망"(Smith 2000, II.3.28)인 '자기개선 본능'이다. 어떤 국가를 번영하게 만드는 요인이 무엇인지 이해하려면, 먼저 '개인의 본성'에서 시작해야 할 것이다. 즉, (1) 우리 자신과 다른 사람들의 본성에 대한 근원적인 통찰('인간 본성에 대한 이해', 예를 들면, 교환 본능이나 이기심 등)과 (2) 타인에 대한 동정심을 살펴볼 필요가 있다. 여기서 중요한 것은 왕실 금고가 하는 일이나 귀족들의 자존심이 아니라 '평범한 사람(평민)들이 자신의 주변 환경에 어떻게 반응하는가'이다. 일반 사람들에게 가장 중요한 환경은 자신의 삶을 영위하는 데 필수적인 '거래할 자유'일 것이

---

15 불행하게도 우리나라의 많은 경제 전문가와 독자들은 이 사실을 잘 인식하지 못하고 있다.

다. 현대 국가에서 정부의 주요 역할은 '일반 사람들이 자신의 상태(처지)를 개선할 수 있는 권리', 특히 '소유권과 계약이행권, 시민권' 등을 옹호 및 보장함으로써 '교환의 자유'를 보호하는 것이다. 이러한 역할은 정부의 가장 합법적이고 지속적인 기능이다.

이러한 '두 보편적인 원리'(즉, '교환 본능'과 '자기개선 본능')는 『국부론』을 이해하는 데 필요한 '핵심 아이디어들'이다. 『국부론』은 1776년 출간된 후 여러 판을 거치면서 개정되었다. 애덤 스미스는 최신성을 유지하기 위해 부분적으로 상당한 수정과 보완을 추가했다. 그러나 『국부론』의 핵심은 결코 변한 적이 없다. 애덤 스미스는 사회가 평범한 사람들이 아니라 '부유한 사람들과 힘 있는 사람들의 손에 달려 있다'라고 보았다. 부자와 권력자들은 (1) 항상 공익을 염두에 두지 않고, (2) 자신들에게만 유리하고 진보(사회 발전)를 저해하는 법과 정책들을 추구한다고 생각하였다. 이러한 상황에서 사회는 어떻게 진보하는가? 사회는 개선될 수 있다. 그러나 '기계와 바퀴들이 실제로 어떻게 작동하는지'에 대한 '일반적인 이해'가 있을 때만 사회는 개선될 수 있다. 바로 이 지점에서 철학자인 애덤 스미스가 등장하였다. 그는 (1) '사회의 기반이 되는 원리들'(즉, 기계)을 수립하고, (2) 그 원리들이 어디에서 잘못되었는지(즉, '바퀴가 어디에서 고장이 났는지')를 보여 주며, (3) 무엇을 해야 하는지(즉, '기계와 바퀴를 어떻게 수리해야 하는지')를 규명하고자 했다. 따라서 '기계와 바퀴들'은 곧 '시스템'을 의미한다.

우선, 시스템은 '기본 개념들'에서 출발한다. 노동, 자본, 거래, 상업이라는 영역은 '끝없이 순환하는 것'으로 진정한 중심이 없는 일종의 '자연 엔진'과도 같지만, 그 작동에 분명히 '장애'가 생길 수 있는 영역이다. 엔진 장애를 어떻게 수리하는가? 이를 위해 '엔진의 각 부분'이 어떻게 서로 맞물려 균형을 이루며 작동하는지에 대한 지식이 필요하다. 그러한 지식을 바탕으로 '좋은 법들'을 만들면 엔진이 더 효율적이고 안정적으로 작동함으로써 사회 전체에 더 이익이 될 것이다. 사회의 모든 구성원, 심지어 실업자들도 각자의 역할이 있다. 따라서 '좋은 법들'은 우리가 오늘날 '경제성장'이라고 알고 있는 "부유함opulence"(풍요로움)을 더 많이 창출할 것이다. 애덤 스미스는 '혁명적인 민주주의자'가 아니라 '개혁주의자'였으며, 그의 조언의 대부분은 자신이 계몽시키고자 했던 주권자나 군주를 위한 것이었다. 그러나 『국부론』의 상당 부분은 당시 '중상주의 정책들'에 대한 가혹하고 신랄한 비판에 할애되었다. 특히 애덤 스미스는 '자기 잇속만 차리는 보호주의 법들'을 만들어 경쟁을 제한하려는 '상인 계급'에 대해 신랄한 비판을 가했다.

2. 『국부론』의 구성

애덤 스미스의 위대한 저서인 『국부론』은 다섯 권(Book 1-5)으로 나뉘며, 각 권을 간략히 살펴봄으로써 애덤 스미스의 '전체 생각'을 파악할 수 있다.

『국부론』의 제1권에서는 '노동분업, 화폐와 그 사용, 가격과 임금, 지대(토지 임대료), 시장'에 대해 다루고 있다. 이는 다소 전문적인 내용처럼 들릴 수 있지만, 사실은 그렇지 않다. 애덤 스미스는 (1) '광범위한 독자들'을 대상으로 책을 쓰고자 했으며, (2) 그들이 '현재 처해 있는 상황들'에 대해 알려 주고자 했다(그러나 『국부론』은 그의 의도와 달리 읽기가 매우 어렵다!). 애덤 스미스는 (1) 노동분업이 어떻게 생산량이나 생산성을 몇 배로 증가시키는지, (2) 임금, 이윤, 지대가 어떻게 노동의 가치를 순환시키는지, (3) 경제의 팽창과 수축에 따라 임금, 이윤, 지대가 어떻게 상승하고 하락하는지 등을 자세히 설명하였다.

이를 위해 '시장가격'과 '자연가격'이라는 개념을 설명했다. 먼저, "시장가격market price"은 수요와 공급의 기복(변화)에 의해 결정된다. 반면에 "자연가격natural price"은 다음과 같이 정의된다.

[어떤 상품을] 재배하고, 만들고, 시장에 내놓는 데 사용된 [생산요소인] 토지의 [보수인] 지대, 노동의 [보수인] 임금, 자본의 [보수인] 이자를 지불하기에 충분한 금액이다. What is sufficient to pay the rent of the land, the wages of the labour, and the profits of the stock employed in raising, preparing, and bringing to market. (Smith 2000, I.7.4)

다시 말해서, 모든 시장에는 '이상적인 균형 상태'가 존재한다. 예를 들면, 커피 한 잔의 시장가격은 커피시장의 수요와 공급에 의해 5,000원으로 결정된다. 반면에 커피 제조에 드는 지대가 1,000원이고, 임금이 2,000원이며, 임대료(이자)가 1,000원이라면 커피의 자연가격은 4,000원이다. 여기서 주목할 사항은 애덤 스미스의 '시장'은 현대의 추상적 개념(예를 들어, 자본시장이나 글로벌시장)이 아니라 '물건들을 사고파는 장소'라는 물리적 현실에 훨씬 더 가깝다는 점이다. 이는 '노동이 모든 상품의 가치를 측정하는 궁극적인 척도'[16]라는 애덤 스미스의 주장을 더 잘 이해하는 데 유용하다. 그러나 이러한 가치는 쉽게 측정할 수 없다. 예를 들면, '저숙련 직종에서 한 달 동안의 노동'보다 '10년 동안 배운 직종에서(즉, 고숙련 직종에서) 한 시간 동안의 노동'이 더 큰 가치가 있을 수 있다. 이러한 경우에 가치를 결정하는 유일한 방법은 결국 '시장에서의 흥정과 협상'이다.

　『국부론』의 제2권은 노동에서 '자본stock or capital'으로 넘어

16　이는 곧 '노동가치설(勞動價値說)'을 말한다. 즉, '상품의 가치는 노동량, 곧 노동 시간에 따라 결정된다는 학설'이다.

가 자본의 성질과 형태, 그리고 용도(즉, '고정자본'과 '유동자본')에 관해 고찰하였다. 애덤 스미스는 (1) 화폐를 '어떤 사회의 일반 자본'으로 간주하고, (2) 은행들은 화폐를 저장하고, 그 유통을 더 효율적으로 하는 데 중요한 역할을 한다고 말했다. 또한, (1) 자본의 보수인 이자율과 (2) 이자율이 자본 축적에 어떻게 유용한지도 다루었다. 이 과정에서 애덤 스미스는 "어느 한 사람이 자본으로 사용하는 양[금액]이 얼마이든, 그는 항상 그 자본이 자신에게 이익을 가져다주기를 기대한다"라는 근본적인 점을 지적했다(Smith 2000, II.3.6). 애덤 스미스의 또 다른 중요한 인식은 '가난한 사람들은 자본을 너무 적게 보유하며, 이들의 자본은 그들의 단기 소비에만 충분하고 저축에 사용하지 못한다'는 점이다. 따라서 부의 증대는 주로 상업과 산업에서 이루어져야 한다. 반면에 애덤 스미스는 왕과 대신들, 그리고 부유한 사람 중에서 "사회에서 돈을 가장 많이 낭비하는" 사람들이 쓸 돈이 별로 없는 일반 대중에게 절제를 설교하는 것을 "가장 무례한 일"이라고 말했다.

『국부론』의 제3권은 '경제 역사'를 다루고 있다. 한 나라의 부는 자본이 (1) 먼저 '농업'으로 가는 것으로 시작하여, (2) 다음으로 '제조업'(장인과 기능공들)으로 향하고, (3) 마지막으로 '외국 무역'으로 가는 '자연스러운 발전 과정'을 거친다. 애덤 스미스는 제3권의 서두에서 "모든 문명 사회에서 이루어지는 주된 상업은 도시 주민들과 농촌 주민들 사이에서 행해지는 상업이다"(Smith 2000, III.1.1)라고 언급했다. 이어서 애덤 스미스는 이들 사이의 거래가 복잡한 역학 관계를 수반한다는 점을 보여 주었다. 즉, 도시들이 (1) '시장들'로서의 역할을 할 뿐만 아니라 (2) '새로운 생산 수단들과 도구들, 그리고 새로운 교환 형태들'이 발명되거나 생겨나는 장소들이기도 하기 때문이다. 애덤 스미스는 안타깝게도 유럽에서는 '부의 자연스러운 상태'가 "완전히 뒤바뀌었다"라고 말했다. 유럽에서는 제조업이나 외국 무역이 아니라 '농업'이 여전히 '자본의 진정한 사용 원천'(즉, 자원이 사용되어야 하는 곳)으로 선호되었기 때문이다. 그는 '부의 자연스러운 발전 상태'는 자본이 농업 → 제조업 → 외국 무역으로 가야 한다고 보았다. 이러한 현상은 '봉건제도 feudalism'[17]와 그 장기적인 영향력에서 비롯된 결과였다. 봉건

---

17 '중세 유럽에서 영주·귀족·신하의 사이가 봉토의 급여와 군무의 봉사를 통하여

제는 프랑스를 비롯한 유럽 여러 국가에서 (1) 토지가 없는 빈곤한 '농민 계급'과 (2) 나태하고 보호받는 '귀족 계급'을 만들어 냈다. 당시 귀족들은 (1) 자신의 토지나 노동자들의 상태를 개선하려는 인센티브가 거의 없었고, (2) 대부분의 산업 형태를 경시했다. 소수에게 치우친 너무 많은 부, 특히 강력한 귀족들이 소유한 토지는 19세기와 20세기 내내 세계 대부분의 국가에서 경제침체를 장기화하는 요인으로 작용했다. 그러한 귀족들은 (1) 혁신에 느렸고, (2) 종종 일반 상업 기업들을 경멸했으며, (3) 대부분 교육을 받지 못하고 스스로 자신의 상태를 개선할 수 없는 빈곤한 노예 농민들을 지배했다. 따라서 경제발전을 이루기 위해서는 귀족의 통제에서 농민들을 벗어나게 해야 했다.

『국부론』의 제4권은 오늘날 많은 경제학자가 이 책의 핵심으로 여기는 부분이다. 제4권은 '자유무역'을 옹호하고, 중상주의의 '불합리'(부조리)에 반대하는 주장을 담고 있기 때문이다. 애덤 스미스는 중상주의를 지지하는 사람들에 대한 공격

사적·인격적·계층적으로 결합된 제도'를 말한다.

에서 실제로 다음과 같이 분노를 표출하였다.

> '왕과 대신들의 변덕스러운 야망'은 ··· '상인들과 제조업자들의 뻔뻔스러운 질투'보다 유럽의 평화에 더 치명적이지는 않았다. 상인들과 제조업자들의 뻔뻔스러운 질투는 그들의 '독점하려는 정신' 때문이다.
> The capricious ambition of kings and ministers has not ··· been more fatal to the repose of Europe, than the impertinent jealousy of merchants and manufacturers due to their monopolizing spirit. (Smith 2000, IV.3.38)

즉, '독점가 정신'에 기인한 '상인들과 제조업자들의 뻔뻔스러운 질투'는 '왕과 대신들의 변덕스러운 야망'보다 유럽의 평화에 더 치명적이었다. 어떤 국가에서 외국 상품의 수입을 금지하는 법률들은 (1) 국내에서 독점을 만들고, (2) 제한된 수량과 높은 가격, 영국의 경우 "자국 땅에서 생산된 거친 농산물"을 초래함으로써 일반 대중을 빈곤하게 만든다. 또한, 어떤 국가에서 특정 산업을 우대(보호)하고, 다른 산업을 처벌하는 경우 그 국가가 '자연적으로' 얻을 수 있는 자본을 (보호받는 산업의 경우) 증가시키거나 (처벌받는 산업의 경우) 감소시킴으로써 "그 국가의 토지와 노동으로 생산할 수 있는 연간 생산물의 실질 가치를 감소시킨다"(Smith 2000, IV.9.50). 그러나 여기서부터 중요한 '전환'이 일어난다. 애덤 스미스가 지금까지 '사회의 경제적 죄악들'을 우리 앞에 제시했다면, 이제는 이러한 모든 죄악이 제거된 '이상적인 사회'가 어떤 모습일지를 살펴봐야 할 때이다. 그러면 우리는 '부의 증가보다 훨씬 더 많은 일'이 일어날 수 있음을 알게 될 것이다. 무슨 일이 일어나는가? 다음과 같이 '자연적인 자유^{natural liberty}'가 생길 것이다.

> 자연적인 자유가 확립된다. 모든 사람은 정의의 법칙을 위반하지 않는 한, (1) 자신의 이익을 자신의 방식으로 추구하고, (2) 자신의 근면[노동]과 자본으로 최대의 보상을 얻을 수 있는 완전한 자유를 누린다.
>
> The natural liberty establishes itself. Every man, as long as he does not violate the laws of justice, is left perfectly free to pursue his own interest his own way and to reap

the maximum reward for his industry and his capital.
(Smith 2000, IV.9.51)

따라서 애덤 스미스는 '개인의 자유'와 '개인의 근면', '개인의 보상'이 서로 연결되어 함께 작동하는 '완전한 시민사회의 상태'가 존재한다고 말한다. '우월한 경제'가 있다면 그 경제는 아마 다음과 같은 이상적인 상태에 가까울 것이다. 이상적인 상태란 각 사람이 '이기심'을 가진 고귀한 원자原子가 되고, 모든 원자가 '정의로운 질서와 균형 상태'에 있는 경우를 말한다.

『국부론』의 제5권은 마지막으로 '군주의 경제적 책임들'을 다루고 있다. 군주에게는 세 가지 의무가 있다. 첫째는 '국방'의 의무, 둘째는 '국내 치안 및 법치'의 의무, 셋째는 개인이나 집단이 제공할 수 없는 도로, 다리, 항만 건설 등과 같은 '공공사업'과 '제도 수립'의 의무이다. 그러면 군주는 이들 의무를 수행하는 데 드는 비용을 어떻게 조달할 것인가? 애덤 스미스는 '국방과 치안 및 법치'의 경우 대체로 '당사자들에 의해' 그 비용을 충당할 수 있다고 제안했다. 예를 들면, 경찰과 판사의 경우 사건 당사자인 '원고들과 피고들'이 그들에게 수수료를 지불해야 한다고 주장했다(이러한 주장은 '그 당시' 애덤 스미스의 생각이었다). 그러나 세 번째 의무인 공공사업의 경우, 애덤 스미스는 '사용료'를 제안했다. 예를 들면, 차량 무게에 따라 통행료를 부과하여 '부자들의 나태함과 허영심'을 고려하고, 이렇게 징수한 모든 자금은 관련 인프라 유지와 관리에만 엄격히 사용하도록 제안했다. 그렇지 않으면 과세 당국이 통행료를 인상하도록 유혹될 것이기 때문이다.

또한, 애덤 스미스가 생각하기로 가장 중요한 공공제도는 '교육'이었다. 여기서도 애덤 스미스는 '교육 기관들이 자체적으로 일부 수익을 창출할 수 있다'라고 생각했다. 그 당시 학생들은 수업료를 교사들에게 직접 지불했기 때문이다. 그러나 그는 '대학 시스템'에 대해서는 많은 비판을 가했다. 즉, "대학 시스템이 학생들을 위하는 것이 아니라 교사들의 편의와 권위를 위해 작동한다"(Smith 2000, V.1.143)라고 비판했다. 또한, 애덤 스미스는 "모든 교구나 지역에 평범한 노동자라도 학비를 감당할 수 있는 작은 학교를 설립"(Smith 2000, V.1.183)해야 한다고 주장했다.

이제까지의 논의를 요약하면, 『국부론』은 애덤 스미스가

(1) 흄, 허치슨Francis Hutcheson, 맨더빌Bernard Mandeville, 케네François Quesnay, 몽테스키외Montesquie 등으로부터 얻은 통찰들을 모아서, (2) 여기에 자신의 수많은 지각과 추론을 추가하여 (3) 하나의 통합체를 만들어, (4) 가장 가난한 노동자로부터 시작하여 성城에 있는 군주에 이르기까지 현대 사회의 순환을 통합적으로 설명하는 책이다. 애덤 스미스의 이러한 '여정'에는 하나의 중요한 논리가 숨어 있다. 즉, (1) 눈에 보이는 것(노동, 제1권)에서 시작하여, (2) 그 뒤에 무엇이 있는지(자본, 제2권)를 보여 주고, 그런 다음 (3) 그들이 어떻게 생겨났는지 궁금해하는 시점에서 '역사'를 설명한다(역사, 제3권). 역사를 통해 우리는 '현재와 그 불완전성'에 대해 더 깊이 이해할 수 있다. 그러면 현재의 불완전성을 바로잡기 위해 무엇을 할 수 있는가? 중상주의와 같은 잘못된 생각과 잘못된 지식이 시스템을 손상시켰지만, 이를 바로잡기 위해서는 '일반 대중과 군주의 역할, 의무, 책임 등에 대한 올바른 인식'이 필요하다(제4권). 마지막으로, 국부론 전체의 진정한 목표는 '인간의 생각과 행동'을 '이들을 지배하는 자연 원리'에 일치시키는 것이다. 그러한 일치가 결국 (1) '진정한 자유'로 가는 길이고, 또한 (2) 통치자

(군주)가 '생산적이고 발전(진보)적인 국가'를 유지할 수 있는 유일한 방법이기 때문이다(군주, 제5권).

이러한 개요는 인상적이다. 그러나 이는 『국부론』 실제 내용의 '풍부함'을 암시하기 위한 실마리에 불과하다. 몇 가지 요점들과 구절들만 간략하게 살펴봐도 많은 즐거움과 도전 과제를 찾을 수 있다. 또한, 『국부론』에서 자주 중요하게 부각되는 특정 부분은 매우 다양한 해석이 가능하기도 하다. 아래에서 널리 알려진 몇 가지 중요한 표현들에 대해 살펴보기로 하자.

첫째, '노동분업'의 경우이다. 노동분업, 즉 '전문화'는 (1) 모든 현대 산업의 근간이자, (2) 기술 진보(발전)의 원천이다. 노동분업의 기원은 '이기심'(자기 이익)에 있다.

내가 원하는 것을 나에게 주면 당신도 당신이 원하는 것을 얻게 될 것이다. … 이런 식으로[교환을 통해] 우리는 우리가 필요로 하는 것[물건]을 서로에게서 더 많이 얻을 수 있다. [우리는 우리가 필요로 하는 것을 어떻게 얻는가?] 우리가 맛있는 저녁 식사를 할 수 있는 것은 정육점 주인, 양조업자 또는 빵집 주인의 '자비심' 덕분이 아니라 그들 '자신의 이익'에 대한 그들의 관심 때문이다.

Give me that which I want, and you shall have this which you want. … It is in this manner that we obtain from one another the far greater part of those good offices which we stand in need of. It is not from the benevolence of the butcher, the brewer, or the baker, that we expect our dinner, but from their regard to their own interest. (Smith 2000, I.2.2)

둘째, '부의 불평등'의 경우이다. 어떤 사회가 부의 불평등이 심하고 빈곤층이 많다면, 이는 그 사회가 '도덕적 병폐 상태'이자 '경제가 잘 작동하지 못하고 있다'라는 신호이다.

어떤 사회에서 그 구성원의 대부분이 가난하고 비참한 상태에 있다면 그 사회는 절대로 번영하고 행복할 수 없다. 게다가 국민 전체를 먹이고, 입히고, 재우는 사람들이 그들 자신도 … 어지간히 잘 먹고, 잘 입고, 잘 재우는 것이 바로 공평이다.

No society can surely be flourishing and happy, of which the far greater part of the members are poor and miserable. It is but equity, besides, that they who feed, clothe, and lodge the whole body of the people, should be themselves … tolerably well fed, clothed, and lodged. (Smith 2000, I.8.35)

셋째, '독점'의 경우이다. 독점은 '경제적 폭정'이다. 가격을 올리기 위해 공급을 부족하게 만들어 시장을 조작할 수 있는 사람들(즉, '독점가들' 또는 '경제적 폭정가')은 동료 시민들에게 커다란 해를 끼친다. 예를 들어, 어떤 국가가 소, 소금, 옥수수 등의 수입을 금지하는 것은 국내 제조업자들에게 '자국민에 대한 독점권'을 부여하여, 다음과 같은 역할을 하도록 지시하는 것과 같다.

국내 시장에 독점권을 주는 것은 … 자국의 개인들에게 그들의 자본을 어떤 방식으로 사용해야 하는지를 지시하는 역할을 하며, 이는 쓸모없거나 해로운 규제이다. 만약 국내산 농산물을 외국산 농산물만큼 싸게 살 수 있다면 그 규제[수입 금지]는 분명히 쓸모가 없다. 그러나 그렇지 않다면[즉, 국내산 농산물이 외국산 농산물보다 비싸다면] 그 규제는 일반적으로 해로운 규제이다.

To give the monopoly of the home market … is to direct private people in what manner they ought to employ their capitals, and must be either a useless or a hurtful regulation. If the produce of domestic can be bought there as cheap as that of foreign industry, the regulation is evidently useless. If it cannot, it must generally be hurtful. (Smith 2000, IV.2.11)

넷째, '자유무역'의 경우이다. 어떤 국가가 다른 국가들과 '자유롭게 무역할 수 있다'면 이는 '번영의 기본 원리'이다. 애덤 스미스는 '가정과 국가에서의 현명한 행위'를 언급하며 '국가 간의 무역'은 '사람 간의 거래'와 같다고 주장했다. 오늘날 아무도 자신의 옷을 직접 만들거나 먹을 식량을 직접 재배하지 않는다. 그 대신 우리는 '자신이 가장 잘하는 일'에 종사하면서 소비할 대부분의 재화와 서비스는 다른 사람들에게 의존한다. 마찬가지로 국가도 자국이 가장 잘 만드는 제품을 생산하는 데 전문화(특화)하고, 자국의 소비 수요를 충족시키기 위해 다른 국가들과 자유롭게 무역하는 게 상호 간에 이익이 될 것이다.

자유무역과 자유무역 체제가 가져다주는 상호이익은 경제학자들 간에 명명백백한 사실이다. 애덤 스미스는 『국부론』에서 '국가 간 무역'의 중요성을 설파하였다. 특히 '국가 내에서의 전문화'와 '국가 간의 전문화' 사이에 존재하는 유사성을 다음과 같이 통찰력 있게 언급했다.

만약 어떤 가정의 가장家長이 타산적이고 현명하다면 그는 어떤 물건을 밖에서 사는 것보다 집에서 만드는 것이 더 비싸다면 결코 그 물건을 집에서 만들려고 시도하지 '않을' 것이다. 이것은 모든 현명한 가장들이 명심해야 할 금언金言이다. [예를 들면] 양복 재단사는 그 자신의 신발을 직접 만들려 하지 않고 신발 제조업자가 만든 신발을 사는 게 더 나을 것이다. 또한, 신발 제조업자는 그 자신의 양복을 직접 만들려 하지 않고 양복 재단사에게 그 일을 맡기는 게 더 나을 것이다. 농부도 양복이나 신발을 직접 만들려 하지 않고 양복 재단사나 신발 제조업자로부터 양복이나 신발을 사는 게 더 나을 것이다. [그들은 왜 그렇게 하는가?] 이들 모두는 자신들이 필요로 하는 물건을 직접 만들려 하지 않고 자신에게 유리한 방식으로 다른 제조업자들이 만든 제품들에 대해 대가를 지불하고 구매하는 것이 '각자에게 이익이 된다'는 것을 알게 되기 때문이다.

모든 개별 '가정'에서 이루어지는 이와 같은 '현명한 행위'가 어느 거대한 '왕국'[예를 들면, 대★영국]에서 행해진다고 해서 그것이 결코 '어리석은 행위'가 되는 것은 아닐 것이다[즉, 모든 개별 '가정'에서 이루어지는 이와 같은 '현명한 행위'는 어느 거대한 '왕국'에서도 확실히 '현명한 행위'가 될 것이다]. 만약 어느 외국이 '어떤 상품'을 우리가 국내에서 만들 때보다 우리에게 더 싸게 공급할 수 있다면 우리는 그 상품을 국내에서 직접 만드는 대신 우리가 그 외국보다 더 싸게 생산할 수 있는 '다른 제품'을 만들어 그 외국 제품과 교환하는 게 더 나을 것이다. … 또한, 그 국가의 일반 산업은 그로 인해[즉, 저렴한 외국 상품 구매로] 위축되는 것이 아니라 가장 큰 이익을 얻을 수 있는 [다른] 방법을 찾게 될 것이다.

It is the maxim of every prudent master of a family, never to attempt to make at home what it will cost him more to make than to buy. The taylor does not attempt to make his own shoes, but buys them of the shoemaker. The shoemaker does not attempt to make his own clothes, but employs a taylor. The farmer attempts to make neither the one nor the other, but employs those different artificers. All of them find it for their interest to employ their whole industry in a way in which they have some advantage over their neighbours, and to purchase with a part of its produce, or what is the same thing, with the price of a part of it, whatever else they have occasion for. What is prudence in the conduct of every private family, can scarce be folly in that of a great kingdom. If a foreign country can supply us with a commodity cheaper than we ourselves can make it, better to buy it of them with some part of the produce of its own industry, employed in a way in which we have some advantage. ⋯ The general industry of the country will not thereby be diminished but only left to find out the way in which it can be employed with the greatest advantage. (Smith 2000, IV.2.11-12)

양복 재단사, 신발 제조업자, 농부 각자에게 있어 어떤 물건을 자신이 집에서 직접 만들 때보다 밖에서 다른 장인들이 더 싸게 만든다면 그 물건을 직접 만들기보다 사는 게 각자에게 이익이 되는 현명한(합리적인) 행위이다. 각자는 자신이 더 싸게 만들 수 있는 물건을 만들어 다른 장인들이 만든 물건과 교환함으로써 '상호이익'을 얻을 수 있기 때문이다. 이와 마찬가지로 만약 어느 외국이 어떤 상품을 우리 자신이 만들 때보다 더 싸게 우리에게 공급할 수 있다면, 우리가 외국보다 더 싸게 생산할 수 있는 어떤 상품을 만들어 그 외국 상품과 교환하는 게 더 나을 것이다. 따라서 '어떤 가장의 현명한 행위'[18]는 '어떤 국가의 현명한 행위'[19]와 유사하다고 할 수 있다.

애덤 스미스의 이러한 주장은 '절대우위absolute advantage'에 바탕을 두고 있다. 각자 또는 각국이 하나씩 절대우위를 가진 제품의 경우에는 거래나 무역을 통해 상호이익을 얻지만, 절대우위가 없는 개인이나 국가는 교환할 것이 없으므로 거래이익을 얻을 수 없게 된다. 이러한 단점은 나중에 리카도David Ricardo의 '비교우위comparative advantage 이론'으로 보완되었다.

다섯째, '정부 역할'의 경우이다. 정부의 역할은 (1) 법치를 집행하는 것뿐만 아니라 (2) 남용들을 방지하는 것이다. 이러한 남용들은 상인들과 다른 '업자들'에 의해 자주 발생할 수 있다.

---

18 어떤 물건을 밖에서 사는 것보다 집에서 만드는 것이 더 비싸다면 그것을 집에서 만들지 않고 밖에서 사는 것이 더 나을 것이다.

19 어느 외국이 어떤 상품을 자국이 만들 수 있는 것보다 더 싸게 공급할 수 있다면 자국은 자신이 외국보다 더 싸게 생산할 수 있는 어떤 상품을 만들어 그 외국 상품과 교환하는 게 더 나을 것이다.

상인들과 업자들의 관심사는 시장을 넓히고, 경쟁을 줄이는 것이다. 시장을 확대하는 것은 공공의 이익에 부합할 수 있지만, 경쟁을 제한하는 것은 ⑴ 상인들이 경쟁을 제한하지 않는 '자연적인 상태'에 있을 때보다 그들의 이익을 높이는 데만 도움이 되고, ⑵ 나머지 동료 시민들에게는 터무니없는 세금을 부과하게 될 것이다. 따라서 이러한 상인 집단에서 나오는 새로운 상거래 법이나 규제에 대한 제안은 항상 매우 조심스럽게 귀를 기울여야만 한다. 그러한 제안은 일반적으로 일반 대중을 속이고, 심지어 억압하는 데 관심이 있는 상인들에게서 나온 것이기 때문이다.

Their interest is to widen the market and to narrow the competition. Expanding markets can be in the public interest, but to narrow the competition can serve only to raise profit above what they naturally would be and thus to impose an absurd tax upon the rest of their fellow-citizens. Therefore, the proposal of any new law or regulation of commerce which comes from this order of men, ought always to be listened to with great precaution. It comes from those who have generally an interest to deceive and even to oppress the public. (Smith 2000, I.11.264)

여섯째, '정부 실체'의 경우이다. 애덤 스미스는 '정부의 실체'(즉, 정부가 실제로 무엇을 추구하는지)에 대해 이상적으로 보지 않고 '현실적'으로 생각했다. 그는 (1) '정부가 재산을 보호하는 데 필요하다'라는 점을 알았지만, 또한 (2) '정부가 일반적으로 대중의 이익에 봉사하지 않는다'는 사실도 잘 이해하고 있었다. 근대 사회에 이르러 '재산'은 '모든 형태의 자본'을 의미하게 되었다. 이런 의미에서 애덤 스미스는 다음처럼 주장했다.

시민 정부는 … 실제로는 (1) 가난한 사람들로부터 '부자들'을 방어[보호]하거나, (2) 재산이 전혀 없는 사람들로부터 '재산이 어느 정도 있는 사람들'[재산가들]을 방어하기 위해 설립되었다.

Civil government ··· is in reality instituted for the defence of the rich against the poor, or of those who have some property against those who have none at all. (Smith 2000, V.1.55)

마지막으로, '교육의 중요성'의 경우이다. 애덤 스미스는 '재산'을 위험에 빠뜨리고 싶지 않았다. 방금 언급했듯이 그의 일부 아이디어가 그 당시에는 '급진적'이었을지 몰라도 오늘날에는 확실히 그렇지 않다. 또한, 애덤 스미스는 사회를 안정시키고 경제를 개선하기 위해 '교육'을 통해 평민들의 수준을 높이기를 원했다. 모든 계층이 제대로 교육을 받는다면, (1) 전반적인 부의 수준을 높이고, (2) 재산 보호가 왜 중요한지를 분명히 인식하는 데 기여할 것이다. 교육은 사회를 개선한다. 대중이 교육을 잘 받는다면 히스테리와 미신에 빠질 가능성이 적을 것이다. 애덤 스미스는 교육의 중요성에 관해 다음과 같이 언급했다.

(1) 교육을 받고 똑똑한 사람들은 무지하고 어리석은 사

람들보다 항상 더 예의 바르고 질서를 잘 지킨다. (2) 교육을 받고 똑똑한 사람들은 자신이 더 존경할 만하다고 느끼고, 그들의 합법적인 상사들로부터 더 존경을 받을 것이다. (3) 교육을 받고 똑똑한 사람들은 파벌과 선동에 의한 불순한 불평과 불만들을 더 잘 살피고, 더 잘 간파할 수 있다. (4) 그런 이유로 이들은 정부 조치들에 대한 무분별하거나 불필요한 반대에 오도誤導되는 경향이 적을 것이다.

An instructed and intelligent people are always more decent and orderly than an ignorant and stupid one. They feel themselves more respectable and more likely to obtain the respect of their lawful superiors. They are more disposed to examine, and more capable of seeing through, the interested complaints of faction and sedition, and they are, upon that account, less apt to be misled into any wanton or unnecessary opposition to the measures of government. (Smith 2000, V.1.189)

3. 『국부론』과 인간 삶의 자연발생적 시스템

『국부론』은 광범위한 주제들을 다룬 당시 문화에 대한 기념비일 뿐만 아니라, 18세기 후반의 정치, 경제, 철학, 역사 분야의 지식이 어떤 의미를 가졌는지에 대한 증거 등으로 주목할 만한 책이다. 그러나 『국부론』에서 가장 주목할 만하고 오래도록 기억되는 점은 '인류 발전의 원동력으로서 자유시장'을 발견했다는 사실이다. 이 역사적 메커니즘은 그전에 아무도 발명하지 않았으며, 인류가 '상업'을 통해 이룬 것이다. 사람들 사이에서 이루어지는 끊임없는 교환과 거래는 '노동분업division of labor'과 '시장의 출현'을 낳았다. 시장은 사회의 모든 구성원(판매자이든, 구매자이든, 또는 생산자이든)이 (1) 의도하지 않았거나 자신이 무엇을 하고 있는지도 모른 채 자원 배분에 기여하며, (2) 이를 통해 사회 전체의 번영을 증진시키는 시스템이다.

『국부론』에서 애덤 스미스는 보통 사람들이 자신의 욕망과 이기적인 꿈을 이루기 위해 노력함으로써 '보이지 않는 손'에 이끌려 모든 사람의 행복에 기여한다고 주장했으며, 이는 놀랍고 보기 드문 통찰이었다. '이기적'인 노동자들과 부를 창출하는 사람들이 사회와 협력하도록 밀어주고 이끄는 이러한 '보이지 않는 손'은 가히 '혁명적인 통찰'인 동시에 경제 세계에서 가장 강력한 '자유의 수호자'였다. 자유시장은 사유재산의 보호, 시민들의 법 앞에서의 평등, 특권의 거부, 노동의 분업 등을 전제로 한다. 애덤 스미스 이전에는 누구도 이러한 '자동 조절적 시스템'을 정확하고 명쾌하게 설명하지 못했다. 애덤 스미스에 따르면 이 시스템은 사회 및 국가의 발전과 번영을 가져다주며, 이 시스템이 잘 작동하기 위해서는 '자유'가 필수적이다. 또한, 그는 '경제적 자유'가 다른 모든 자유를 지탱하고 견인한다고 설득력 있게 주장했다.

『국부론』은 수많은 대주제와 하위 주제들로 구성되어 있다. 『국부론』에서 가장 놀라운 점은 인류 발전과 번영의 원동력이 '이타주의나 자비심'이 아니라 '이기심'에 있다는 사실을 지적한 점이다(본서 19-20쪽 참조). 애덤 스미스의 추종자였던 케인즈는 애덤 스미스가 "자본주의는 자신의 이익만 생각하는 가장 비열한 사람들의 가장 비열한 동기가 어떻게든 모든 사람의 이익을 위해 노력한다"라는 놀라운 믿음에 기반을 두고 있다고 말했다. 그러나 케인즈 역시도 카를 마르크스^{Karl} ^{Marx}를 비롯하여 애덤 스미스를 추종했던 모든 위대한 사회 및 정치 사상가들처럼 결국 애덤 스미스의 주장을 받아들이게 되었다.

애덤 스미스가 설명한 '시스템'은 '만들어진 것^{created}'이 아니라 '자연발생적인 것^{spontaneous}'이다. 각종 시스템은 인간 삶의 '실질적인 필요성'을 통해 자연적으로 생겨났다. 즉, (1) 원시인들 사이에서 일어나는 물물교환으로 시작하여(물물교환 시스템), (2) 더 발전된 형태의 교환과 거래(교환 및 거래 시스템), (3) 사유재산, 법률, 법원의 출현(사유재산 및 법률 시스템), (4) 무엇보다도 생산성을 크게 증대시킨 노동분업(분업 시스템) 등은 인간 삶의 필요성에서 자연적으로 생겨났다. 이러한 '자연발생적 시스템'을 나중에 하이에크^{Friedrich von Hayek}는 다소 고상하게 '자생적 질서^{spontaneous order}'[20]라고 불렀다. 자연발생

---

20 order는 '질서'뿐만 아니라 '체제, 제도'의 뜻도 있다. 국내에서는 spontaneous order 를 경로 의존성에 따라 고상하게 '자생적 질서'라고 부르고 있으나, 이는 '자생적 시스템' 또는 '자생적 체제'라고 부르는 것이 옳다.

적 시스템은 그 바탕에 여러 유형의 '자유'가 자리 잡고 있다. 즉, (1) 거래의 자유, (2) 법치 아래 평등한 조건들에서 생산자와 소비자로서 시장에 참가할 수 있는 자유, (3) 계약 체결의 자유, (4) 자유무역, 즉 수출과 수입의 자유, (5) 협력할 자유, (6) 회사 설립의 자유 등을 근간으로 하고 있다. 시장의 가장 큰 적들은 각종 특권, 독점, 보조금, 통제, 금지 등이다. 또한, 사회가 발전하여 복잡해지고, 시장을 규제하기 위한 법적 구조들이 만들어지면 자연발생적 시스템의 자발성과 자연성은 감소할 것이다. 그러나 법적 구조들이 자유를 큰 정도로 허용한다면 자연발생적 시스템은 여전히 효율적이고 사회적으로 유익한 결과를 낳을 것이다.

시장은 냉혹하다고 한다. 시장은 성공에 대해 보상하고, 실패에 대해 가차 없이 처벌하기 때문이다. 그러나 애덤 스미스는 그의 '자유주의liberalism'를 비난하는 사람들이 묘사하는 것처럼 '냉혹하며 비인간적인 존재'는 아니었다. 이와는 정반대로 애덤 스미스는 '빈곤의 공포'에 예민하게 반응했고, (비록 명시적으로 표현하지는 않았지만) '기회 균등'을 굳게 믿었다. 그는 '노동의 기계적인 특성'으로 인해 발생할 수 있는 '노동자들의 무지와 우둔함'에 맞서 싸우기 위해서는 (1) '교육'이 필수적이며, (2) 교육비를 감당할 수 없는 사람들을 위해 국가나 시민사회가 재정적으로 지원해야 한다고 주장했다. 또한, 애덤 스미스는 '교육에서 경쟁'을 선호했고, 사교육과 공교육을 모두 제공하는 시스템을 옹호했다.

애덤 스미스가 『국부론』에서 자신이 주장한 이론들이 후대에 자유주의와 민간 기업을 반대하는 적들로부터 '동정심'과 '연대감'이 부족하다는 비난을 받는다는 사실을 알면 아마 깜짝 놀랄 것이다. 애덤 스미스는 자신의 연구가 가난한 사람들을 편들고 빈곤을 퇴치하는 데 도움이 될 것이라고 확신했기 때문이다. 이와 관련하여 애덤 스미스는 다음과 같이 주장했다.

어느 한 사회에서 구성원 대부분이 가난하고 비참하다면 그 사회는 결코 번영하고 행복해질 수 없다.
No society can surely be flourishing and happy, of which the far greater part of the members are poor and miserable. (Smith 2000, I.8.36)

당시 '부자들'에 대한 애덤 스미스의 의견은 다음과 같이 종종 가혹했다.

모든 다양한 사업 분야에서 가난한 사람들에 대한 억압은 부자들의 독점을 확고히 한다. 부자들은 모든 사업을 자신이 독점함으로써 매우 큰 이익을 얻으려 할 것이다. In every different branch the oppression of the poor must establish the monopoly of the rich, who, by engrossing the whole trade to themselves, will be able to make very large profits. (Smith 2000, IV.7.21)

독점은 특정 제조업자나 상인에게 이익 추구를 위해 가격을 변화시킬 수 있는 권한을 부여함으로써 수요와 공급을 왜곡시킨다. 독점으로 경쟁이 사라지면 제품의 품질이 떨어지고, 사업은 서비스가 아니라 관련 구매자들을 착취하는 수단으로 전락한다. 애덤 스미스 이론의 가장 큰 수혜자는 소수자인 생산자들보다는 사회 전체인 '소비자들'이다. 물론 생산자들은 종종 뛰어난 재능과 대담함으로 자신이 제공하는 서비스에서 큰 이익을 얻을 수 있는 권리가 있다. 그러나 이를 위해서는 어떠한 특혜 없이 '공정하고 평등한 경쟁'이 이루어져야 하며, 또한 '사유재산을 존중'해야 한다.

애덤 스미스는 '사유재산'의 신성 불가침한 본질에 대해 다음과 같이 언급했다.

각 개인이 '자신의 근면과 노력으로 얻은 재산'은 '다른 모든 재산의 원천'이므로 '가장 신성하고 불가침한' 것이다. 어떤 가난한 사람의 재산은 양손의 힘과 손재주에 달려 있다. 그가 자신의 그러한 힘과 손재주를 자신의 이웃에게 해를 끼치지 않고 적절한 방식으로 사용하는 것을 방해하는 것은 곧 그의 '가장 신성한 재산'에 대한 명백한 침해이다. 또한, 그러한 방해는 그 노동자와 그를 고용하려는 사람들 모두의 '정당한 자유'에 대한 명백한 침해이다.

The property which every man has in his own labour, as it is the original foundation of all other property, so it is the most sacred and inviolable. The patrimony of a poor man lies in the strength and dexterity of his hands; and to hinder him from employing this strength and dexterity in what manner he thinks proper without injury to his neighbor, is a plain violation of this most sacred property. It is a manifest encroachment upon the just liberty both of the workman and of those who might be disposed to employ him. (Smith 2000, I.10.12)

『국부론』은 불멸의 개념인 '노동분업'으로 시작된다. 즉, '노동분업이 상품 제조 과정에서 생산성을 가장 두드러지게 증대 및 향상시켰다'고 설명하면서 시작되었다. 이를 위해 애덤 스미스는 오늘날 유명해진 '핀 제조'와 핀을 생산하기 위해 결합해야 하는 '18개의 전문화된 작업'을 예로 들었다. 노동분업은 상품 생산성의 획기적 증대뿐만 아니라 노동자들의 노역이나 부담을 크게 덜어 준 '기계들의 생산'을 가져다주었다. 노동분업으로 노동자들이 종종 기계 자체를 발명했기 때문이다.

노동분업은 인간 삶에서 '문명'을 초래하였다. 문명은 인간이 자신의 욕구나 필요를 충족시키기 위해 다른 사람들에게 의존하려는 욕구에서 비롯되었다. 노동분업은 '시장의 규모'에 따라 제한된다. 시장의 규모가 클수록 노동분업이 확대되기 때문이다. 예를 들면, 어떤 작은 마을에서 농부는 화가가 되거나, 건축업자 또는 배관공으로도 일할 수 있을 것이다. 이는 시장의 크기가 작아 노동분업이 일어나지 않기 때문이다. 반면 도시들의 성장은 사람들이 노동을 분업화하여 특정 분야에 전문화할 수 있는 기회를 제공해 주었다.

『국부론』은 원시 사회들에서 '화폐의 기원과 기능'에 대해 설명하였다. 원시 사회는 서서히 '상거래 및 상업 사회들'로 발전하였다. 역사적 진화 과정의 어느 시점에 이르러 '물물교환'은 '상품들'로 대체되었다. 그때부터 상품들은 '매매의 중개자' 역할을 하게 되었다. 그러한 상품들로 소, 조개, 말린 대구, 동물 가죽이나 무두질한 가죽, 그리고 마침내 금속이 등장하였다. 그다음으로 등장한 '화폐'가 이제 상거래의 보편적인 도구가 되었다. 처음에 화폐로서 '경화硬貨, coins'(금속으로 만든 화폐)에는 '원래 있어야 할 양[定量]'의 금속이 들어 있었다. 그러나 시간이 흐르자 군주들은 양을 줄여 자신의 채권자인 신민들을 속일 수 있었다.

군주들과 주권 국가의 탐욕과 불의가 신민들의 신뢰를
남용하여 경화 속에 원래 들어 있어야 했던 금속의 실제
양이 점차 줄어들었다.
The avarice and injustice of princes and sovereign states,
abusing the confidence of their subjects, have by degrees
diminished the real quantity of metals which had been
originally contained in their coins. (Smith 2000, I.5.21)

애덤 스미스에 따르면 상품들의 가격은 '상품 생산에 투
입된 노동의 양'으로 측정되었다. 또한, 가격은 "실질가격real
price"과 "명목가격nominal price"을 구분해야 한다고 주장했다. 명
목가격은 상품을 만드는 데 사용되는 금속의 양에 따라 시장
에 의해 고정된다. 애덤 스미스는 자신의 주장들이 '과학적'이
라고 선언했지만, 그 속에는 매우 민감한 부분이 내포되어 있
다. 예를 들면, 애덤 스미스는 보수를 많이 받는 노동자들이
더 많이 생산하고, 그들의 부유함이 사회적 평화를 보장한다

고 주장했다. 다른 한편으로 인도와 중국 같은 국가들에서 부모들이 자식들을 먹여 살릴 수 없어서 죽이는 '빈곤의 심각성'을 묘사했다.

『국부론』에서 애덤 스미스는 '경제 문제들'에 대한 자세한 설명을 위해 '역사적 설명'과 '사회학적 분석'을 결합하는 방식을 취하였다. 이러한 방식은 때로는 너무 상세해서 독자를 압도할 정도이다. 그러나 우리는 때때로 그 속에서 애덤 스미스의 '혁신적인 생각들'을 찾을 수 있다. 예를 들어,『국부론』제1권의 제10장에서 애덤 스미스는 '왜 특정 고용이 다른 고용보다 수익성이 더 높은지'를 설명하기 위해 다섯 가지 이유를 제시하였다.

첫째, 그 직업 자체의 유쾌함과 불유쾌함, 둘째, 그 직업을 배우는 데 드는 쉽고 저렴함, 또는 어려움과 비용, 셋째, 그 직업에 대한 고용의 불변성 또는 가변성, 넷째, 그 직업을 수행하는 사람들에 대한 작거나 큰 신뢰, 다섯째, 그 직업의 성공 가능성과 불가능성이다.

First, the agreeableness or disagreeableness of the

employments themselves; secondly, the easiness and cheapness, or the difficulty and expense of learning them; thirdly, the constancy or inconstancy of employment in them; fourthly, the small or great trust which must be reposed in those who exercise them; and, fifthly, the probability or improbability of success in them. (Smith 2000, I.10.1)

애덤 스미스는 '유럽의 노동 관행'에 내포된 여러 불평등을 인식한 후 '계약의 자유에 대한 제약들'과 '도제법'[21]을 신랄하게 비판했다. 당시 도제법은 견습생(도제)이 스승이나 주인 밑에서 최대 7년간 일(견습)하거나 수련해야만 취업 자격을 얻도록 규정하고 있었다. 또한 당시 영국의 '거주지법'은 노동자가 자신의 행정 교구parish[22] 밖에서 일자리를 구하지 못하도록 규

---

21 '도제(徒弟)'란 '서양 중세의 수공업에서 직업에 필요한 지식·기능을 습득하기 위하여 전문적 지식을 지닌 스승의 밑에서 일하던 어린 직공'을 말한다. 또한, '도제 제도'는 '중세 때 수공업자가 기술을 전수할 제자를 키우던 제도'를 말한다.
22 과거 영국의 '자체 선출 정부를 둔 작은 행정 교구'를 말한다.

정했다. 이 법은 자유를 크게 제약했으며, 또한 불공정을 초래하고 고용 창출을 저해하였다. 특히 애덤 스미스는 각종 길드guild(장인들과 상인들의 동업 조합)가 누리는 특권을 폐지해야 한다고 주장했다.

> 같은 업계에 종사하는 사람들은 좀처럼 함께 만나지 않으며 심지어 유흥과 오락을 위해서 만나더라도 그들의 대화는 일반 대중에 대한 음모나 가격 인상을 위한 교묘한 계략으로 끝난다.
> People of the same trade seldom meet together, even for merriment and diversion, but the conversation ends in a conspiracy against the public, or in some contrivance to raise prices. (Smith 2000, I.10-2.27)

애덤 스미스는 자주 '경제 분석'과 이를 실제적으로 보여주는 '역사적 설명'을 병행시키면서 논의를 전개했다. 예를 들면, 13-16세기 스코틀랜드와 영국에서 밀 가격이 역사적으로 어떻게 변화했는지를 설명하고, 이를 네덜란드와 제네바의 경우와 비교했다. 또한, 페루에서 금과 은 광산의 발견이 세계 금속 거래에 미친 영향을 역사적으로 설명하였다.

'노동분업'과 '자본 축적'이 없었다면 '생산력의 증대나 발전'은 없었을 것이다. 자본은 부분적으로 고정되어 있고, 부분적으로 유동적이다. 즉, (1) '고정자본'은 기업을 설립하는 데 필요한 기계, 토지, 부지 등이고, (2) '유동자본'은 임금, 세금, 투자 등에 지출되는 자금을 말한다. 한 국가의 부는 고정자본과 유동자본의 총합이다. 국가의 안전이나 안정은 경제발전의 필수 조건이다. 안전이나 안정이 보장되지 않으면 사람들은 자신이 보유한 자본을 유통시키지 않고 숨기려 하기 때문이다.

다음으로, 애덤 스미스는 자본의 생산적 과정인 '은행의 출현'에 대해 설명했다. 자본이 없는 개인들(즉, 사업가들이나 장인들)은 '신용'을 통해 자신의 기업을 설립할 수 있었다. 이는 한 사회 계층이 형성되어 성장하는 데 도움이 되었다. 은행들은 상인들이 유동자본을 고정자본으로 전환하도록 도와주었다. 은행들은 상인들에게 약속 어음[23]을 제공하여, 은행 돈을

---

23 발행인 자신이 일정 기일에 일정 금액의 지급을 약속하는 형식의 어음을 말한다.

쓰고 유통하게 한 다음 당시 8%의 이자를 붙여 이를 돌려받았다. 또한, 애덤 스미스는 기업들이 은행에서 받은 신용을 연장하기 위해 특정 한도 초과 금지를 어떻게 회피했는지를 보여 주었다. 특히 무책임하고 순전히 사기꾼이었던 많은 상인에게도 약속 어음을 발행하여 파산한 스코틀랜드의 에어 은행Ayr Bank의 경우를 사례로 들어 자세히 설명했다.

애덤 스미스는 '국가 개입'과 '왕들과 대신들'에 의해 초래되는 낭비 및 불필요한 지출을 비판했다. 그들의 낭비와 방만한 지출은 사회 전체를 빈곤하게 만들었기 때문이다. 아마도 애덤 스미스가 말한 가장 중요한 점은 '국가가 작고 기능적인' 사회에 대한 찬사였을 것이다. 작고 기능적인 국가를 가진 사회에서는 시민들이 열심히 일하고 부를 증가시켜, 사회 전체에 이익이 되기 때문이다. 이러한 사회에서 애덤 스미스가 생각하는 '이상적인 시민'은 (1) 근면하고 검소하고 신중하며, (2) 결코 사치스러운 구매나 소비에 자신의 재산을 낭비하지 않는 시민이다. 또한, 고용주는 항상 종업원들에게 모범을 보여야 한다.

만약 고용주가 세심하고 검소하면 노동자도 [그를 본받아] 그렇게 할 가능성이 매우 높을 것이다. 만약 주인이 방종하고 무질서하면 하인은 주인이 지시한 방식에 따라 자기 일을 할 것이고, 또한 주인이 보여 준 모범에 따라 자신의 삶을 살아갈 것이다.

If his employer is attentive and parsimonious, the workman is very likely to be so too, but if the master is dissolute and disorderly, the servant, who shapes his work according to the pattern which his master prescribes to him, will shape his life, too, according to the example which he sets him. (Smith 2000, I.8.23)

특히 애덤 스미스는 국가를 '근면하고 법을 준수하는 시민'의 잠재적 적으로 인식하고 불신하였다. 그는 '자본주의'가 의도하지 않았지만 자본이 국경을 넘어 이동하면서(즉, 국제 자본주의) 어떻게 '국가주의^{nationalism}'(민족주의)를 약화시키는지를 보여 주었다. 자본은 자국에서 수익성 있는 투자를 할 수 없을 때 국경을 넘어 이동하기 때문이다. 여기에는 명백한 논리가 있다. 한 국가에서 생산적 투자가 포화 상태에 이르면 자국 자본은 외국으로 이동할 수밖에 없을 것이다. 반면에, 한 국가는 소비와 국내 거래를 촉진하기 위해 외국 자본을 자국으로 수입하기도 할 것이다. 또한, 자본의 국경 간 이동은 자본이 부족한 국가에도 도움이 될 수 있다. 애덤 스미스는 자본의 국경 간 이동이 자본을 공급하는 국가에 직접적인 이익이 되지 않을 수도 있지만, 그 국가가 더 발전하고 진보했다는 점을 보여 줌으로써 간접적으로 이익이 된다고 말했다. 이처럼 자본의 국경 간 이동에 기반한 '국제 자본주의'는 민족주의(국가주의)의 천적이다.

주요 상업 활동은 '도시와 농촌 사이'에서 이루어지며, 농촌에서 생산한 '1차 생산품(농산물)과 도시에서 생산한 2차 생산품(제조품 또는 공산물)의 교환'을 수반한다. 도시는 농촌에서 모든 부와 생계 수단들을 얻는다. 또한, 남자들과 여자들의 '원래 운명'은 땅을 경작하는 것이었다. 그러나 지주들과 땅을 빌려 경작하는 소작인들 사이의 관계는 이러한 현실을 변화시켰다. 소작인들은 '토지 개량'에 투자할 인센티브가 없었고, 그로 인해 농업은 발전하지 못했다. 애덤 스미스는 다른 자녀들을 희생하고 장자長子를 우대하는 '장자상속권' 제도를 비판했다. 또한 '노예 노동'을 도덕적 및 경제적 이유로 비난했는데, 노예들은 열심히 일할 인센티브가 전혀 없기 때문에 노예 노동이야말로 가장 비생산적인 일이라고 생각했다.

『국부론』은 '유럽 도시들의 탄생'을 상업 및 상인들에 기반을 두어 설명했다. 상인들은 스페인과 프랑스에서와 마찬가지로 영국에서도 '영주領主들'(즉, 중세 유럽의 영지領地 및 장원莊園의 소유주들)에게 멸시를 받았다. 당시 영주들은 상업을 '천한 활동'으로 여겼기 때문이었다. 당시 유럽의 왕들은 한편으로 '영주들과의 적대 관계' 때문에, 다른 한편으로 '상인들로부터 공물을 받기 위해' 도시들이 건설되도록 허용했다. 이렇게 건설된 도시들 덕분에 국내 거래와 해외 무역이 증가하고, 제조업이 발달하였으며, 이로 인해 도시들도 더욱 성장하게 되었다. 그러나 농촌은 여전히 도시 소재 공장들의 주요 원자재 핵심 공급처였다.

도시의 상업과 공장들은 농촌에서 생산된 농산물들을 위한 시장들을 창출함으로써 농촌 발전에 기여했다. 특히 애덤 스미스는 흥미롭게도 "대담한 상인"과 "소심한 지주"를 구분

했다. 대담한 상인은 직업상 위험을 기꺼이 감수하는 사람이고, 소심한 지주는 투자하기 전에 많이 망설이는 사람을 말한다. 대담한 상인들은 인류 진보와 발전의 진정한 개척자들이었다.

또한 도시에서 발달한 상업과 공장들은 점차 사회에 '질서'와 '좋은 통치'를 도입하여 정착시켰다. 애덤 스미스는 지주들을 신랄하게 비판했다. 지주들이 자신의 소작인들을 대하는 태도와 '과시적이고 경박한 일들'에 돈을 쓰는 행위를 심하게 공격했다. 한마디로 지주는 '불로소득자' 또는 '임대인'에 불과했기 때문이다. 반면에 그는 상인들과 공장주들을 칭찬했다. 상인들과 공장주들은 '경쟁'에 의해 새로운 사업들에 과감히 투자하는 사람들이기 때문이다.

도시들의 성장은 (1) 도시에서 발달한 상업과 공업을 통해 '중산층(상공인 계층)의 성장'뿐만 아니라 (2) 문명, 즉 자유와 합법성의 성장을 수반한다. 이 과정은 사회를 변화시킨다. 상업과 공업은 부의 주요 원천이 되고, 농업의 현대화와 봉건제도의 소멸에 중요한 역할을 하였다. 이처럼 광범위한 영향에서 모순이 발생하는 것은 어쩌면 당연한 일일 것이다. 애덤 스미

스는 '자유무역'을 지지하였지만, '관세와 금수禁輸 조치'의 도
입도 받아들였다. 예를 들면, 관세 부과와 금수 조치가 국내
고용을 증가시킨다면 그러한 조치들은 정당화될 수 있다. 또
한, 수입의 완전한 자유가 수입 제품과 경쟁할 수 없는 국내
기업가들과 제조업자들을 망칠 위험이 있다면 관세와 금수
조치들은 정당화될 수 있다. 그러나 이 주장은 '자유무역 이
론'과 모순된다. 자유무역은 외국 무역의 자유가 국가들에 가
장 효율적이고 상호이익이 되는 시스템이기 때문이다. 어느
한 국가가 '관세 부과와 금수 조치들로 이웃 국가들을 가난하
게 만드는 것이 자국에 좋다'라고 말하는 것은 순전히 허구이
다. 이 말은 이들 국가 간에 전쟁이 있는 경우에만 해당될 것
이다. 상업적 관점에서 볼 때 '부유한 이웃 국가가 있다'는 점
은 '자국의 수출 시장이 번창한다'는 사실을 의미한다.

애덤 스미스는 '알코올 음료의 주요 생산국이 아닌 국가들
에 술주정뱅이들이 더 많다'는 흥미로운 관찰을 했다. 그는 주
요 와인 생산국들인 스페인, 이탈리아, 프랑스의 예를 들며,
중부 및 동부 유럽 국가들보다 이들 국가에서 알코올 중독이
덜 만연되어 있다고 주장했다. 또한, 애덤 스미스는 아무리

적은 관세가 부과되더라도 밀수업자들의 관심을 끌지 못한다면 그 관세는 상업적 효과가 크지 않다고 주장했다. 환언하면, 아무리 적은 관세가 부과되더라도 밀수업자들의 관심을 불러일으키는 관세는 상업적 효과가 크다는 것이다.

애덤 스미스는 케네와 프랑스 중농주의자들Physiocrats[24]을 비판했다. 케네와 중농주의자들은 (1) '토지만이 부를 생산'하고, (2) 제조업자들과 상인들은 '비생산적'이라고 주장했기 때문이다. 애덤 스미스는 장인들, 제조업자들과 공업가들 및 상인들이 농민들과 농업 노동자들만큼이나 '생산적'이라는 사실을 보여 주었다. 부를 창출하는 데 장인들과 제조업자들 및 상인들의 역할을 감소시키는 것은 상업 시스템에 대한 방해와 간섭에서 비롯되었다. 애덤 스미스는 '자유무역이 정의롭고 번영을 가져온다'라는 사실을 증명하기 위해 중국, 인도스탄Indostan,[25] 그리스, 로마 등의 수많은 역사적 사례를 들었다.

---

24 '중농주의(重農主義)'란 18세기에 프랑스 고전 경제학자들이 제창한 주의를 말한다. 국민 복리와 산업을 증진시키기 위해 특히 농업을 중시하고, 농업만이 유일한 생산업이라 하여 '중상(重商)주의'에 대항하는 사상으로 그 경제정책은 '자유방임주의'이다.

이를 통해 '자유의 증대가 어떻게 국가를 더 발전시켰는지'와 '자유의 감소가 어떻게 국가를 더 후진시켰는지'를 생생히 보여 주었다.

애덤 스미스는 종종 '경제학'에서 '역사'로 돌아가 설명하기도 했다. 그는 인류가 (1) '수렵인 사회'와 '농경인 사회'로 나뉘고, (2) 나중에 '상인 사회'와 '제조업자(공인) 사회'로 나뉘었던 시기로 돌아갔다. 여기서 애덤 스미스는 이들 사회를 '자신을 보호하거나 이웃을 공격하는 데 필요한 군대의 힘'의 측면에서 분석했다. 먼저, 수렵 사회에서는 공동체의 모든 구성원이 전사戰士였고, 자활自活했다. 다음으로, 농경사회에서는 '민병대'가 출현했고 나중에는 '군대'가 등장했다. 각각의 경우 비용이 증가했다. 결국에는 국가가 '사회 및 국가 방위'를 담당하게 되었다. 군대는 항상 민병대보다 우월할 것이지만 군대 유지 비용은 증가하였다. 특히 총기 발명 이후 무기와 탄약이 더 비싸지면서 군대를 유지하는 데 드는 비용이 급격히 증가

---

25 과거 남부 아시아 국가들로 인도, 파키스탄, 방글라데시, 스리랑카, 네팔 등을 가리킨다.

하였다. 또한, 애덤 스미스는 '상비군'을 운영함으로써 야기되는 자유에 대한 위험에 대해서도 살펴보았다.

애덤 스미스는 '법法, law'에 대해 다음과 같이 설명했다. 먼저, '판사判事의 필요성'이 어떻게 생겨났는지를 설명하고, 그것이 '사유재산의 결과'라고 주장했다. 그에 따르면, 판사는 가난한 사람들의 분노에 맞서 부자들을 변호하기 위해 등장했다. 사회는 '사법을 집행하도록 임명된 사람들'에게 보수를 지불했다. 원시적인 사회들에서는 정의를 구하는 사람들이 판사들에게 직접 돈을 지불하거나 선물을 제공했고, 나중에는 국가가 그러한 의무를 떠맡게 되었다. 사람들이 '자신의 권리가 안전하다'라고 느끼는 것은 자유사회가 존재하기 위한 기본이다. 그러나 판사들은 부패하기 쉬웠고, 판결문의 단어 수와 페이지 수에 따라 보수를 받는 판사들이 판결문을 부풀려 자신의 수입을 늘리면서 사법 행정과 법의 집행은 타락하게 되었다.

애덤 스미스는 주권 국가나 정부를 유지하는 수입원, 즉 세금에 대해 언급하고, 오늘날 우리가 '사회민주주의적'[26]이라고 부르는 몇 가지 주장을 제시했다. 그는 카메스 경Lord

Kames과 몽테스키외를 따라 세금은 소득을 '균등화'하는 데 유용해야 하며, 이를 위해 가난한 사람들보다 부자들에게 더 많은 세금이 부과되어야 한다고 믿었다. 또한, 탈세를 유발할 수 있는 과도하거나 부당한 세금은 피해야 한다고 생각했다. 특히 애덤 스미스는 납세자들의 고혈을 빨아먹는 세리稅吏(세금 징수원)들을 강하게 비판했다. 더불어 그는 교회에 바치는 '십일조十一租'[27]를 매우 부정적인 것으로 간주했다. 십일조는 토지 소유자나 소작인, 또는 군주에게 아무런 이익이 되지 않고, 오직 교회에만 이익이 되기 때문이었다.

애덤 스미스는 영국과 다른 국가들에서 세금의 부과 이유, 세금의 종류, 세금 징수 방법 등에 대해 자세히 논의하였다. 그러한 논의를 통해 다음과 같은 자신의 신념을 분명하게 보여 주었다.

---

26 '사회민주주의(社會民主主義)'란 '폭력에 의한 혁명이나 프롤레타리아 독재를 부인하고, 의회 정치를 통한 합법적인 방법으로 사회주의를 실현하려는 주의'를 말한다.
27 '중세 유럽 교회가 교구민에게 과세 대상의 10분의 1 비율로 징수하던 세'를 말한다.

어느 한 정부가 '국민의 주머니에서 돈을 빼내는 기술'
보다 다른 정부로부터 더 빨리 배우는 기술은 없다.
There is no art which one government sooner learns from
another than that of draining money from the pockets of
the people. (Smith 2000, V.2.120)

즉, '국민의 주머니에서 돈을 빼내는 기술'이라면 각국 정
부는 다른 정부로부터 가장 빨리 배우려 할 것이다. 세금은
반드시 있어야 하므로, 세금을 부당하거나 불공정하게 부과
해서는 안 되며, 부유한 사람들보다 가난한 사람들에게 더 무
겁게 부과해서도 안 될 것이다. 세금이 공정하지 않으면 탈세
와 밀수로 이어지기 때문이다. 또한, 그는 세금 부담에 짓눌
려 법을 어기는 사람들의 여러 예를 제시하였다.

애덤 스미스는 국가가 예산 요구 사항을 충족하거나 전쟁
자금을 조달하기 위해 (1) 부채를 지는 방법, (2) 부채를 갚는
방식, 그리고 (3) 부채가 국민의 경제생활에 미치는 영향 등에
관해 살펴보았다. 애덤 스미스는 국가가 너무 많은 부채를 진
다면 이로 인해 발생하는 막대한 채무를 갚는 것이 거의 불가

능해진다는 결론을 내렸다. 특히 그는 자국의 화폐를 평가 절하하여 인위적으로 부채를 갚는 국가들에 대해 매우 비판적이었다.

『국부론』에 대한 이러한 간략한 요약으로 우리는 『국부론』의 원대한 야망과 방대함, 각 장에서 다루고 있는 다양한 주제들에 관해 조금이나마 짐작할 수 있다. 또한 『국부론』은 경제학의 관심사가 우세하지만, 철학, 역사, 사회학 등도 포함되어 있음을 알 수 있다. 애덤 스미스의 사상은 처음에는 영국 제도諸島를 거쳐 유럽과 미국으로 전파되었고, 19세기에 이르러 서구 전 세계에 상당한 영향을 미쳤다. 18세기에 탄생한 이러한 사상 중 상당수는 당시로서는 '엄청나게 변화한 사회 현실'을 반영하고 있다. 오늘날 일어난 많은 변화는 애덤 스미스가 『국부론』에서 처음으로 제시한 생각들과 통찰력 덕분이라고 해도 과언이 아니다.

4장

—

애덤 스미스의 수사학

애덤 스미스는 『국부론』과 『도덕감정론』에서 몇 가지 동일한 수사학적 기법들을 사용했다. 책의 어떤 부분에서 사용한 그의 기법은 다른 부분에서와 달랐고, '잘 다듬어진 문구'에서 '불어난 강물처럼 주제를 이리저리 굽이치면서 느리고 벅찬 서사(내러티브)'로 바뀌기도 했다. 그러나 '최고의(불멸의) 문구들'에서 애덤 스미스의 서술은 분명 극적이면서 인상적이었다. 이에 대한 가장 멋진 증거는 『국부론』 서두에 서술된 '1개의 핀 제작 과정'을 설명하는 부분일 것이다.

한 사람은 철사를 뽑고, 다른 사람은 철사를 곧게 펴며, 세 번째 사람은 철사를 자르고, 네 번째 사람은 철사를 뽀족하게 하며, 다섯 번째 사람은 핀의 머리 부분을 만들기 위해 철사 끝을 갈아 낸다. 또한, 핀 머리를 만들려면 두세 가지 다른 작업이 필요하다. 즉, 핀 머리를 만드는 일은 독특한 작업이고, 핀들을 희게 하는 것은 또 다른 작업이다. 심지어 다 만든 핀들을 종이에 넣는 것도 그 자체로 하나의 작업이다. 1개의 핀을 만드는 중요한 작업은 이런 식으로 약 18개의 개별 작업으로 나뉜다. 어떤 제작소[공장]에서는 핀 제작에 요구되는 모든 작업이 각기 다른 사람의 손에 의해 수행되지만, 다른 제작소에서는 같은 사람이 두세 가지 작업을 수행하기도 한다. 나는 10명의 직공만 고용된 이런 종류의 작은 제작소를 본 적이 있다. 그곳에서 그들은 매우 가난했고 필요한 기계들도 제대로 갖추지 못했지만, [각자 일을 분담하여] 열심히 일했을 때 하루에 4만 8천 개 이상의 핀을 만들 수 있었다. 그러나 만약 그들[10명의 직공]이 모두 개별적이고 독립적으로 작업했고, 그들 중 그 누구도 이

'독특한 작업'[분업으로 이루어지는 작업]에 대한 교육을 받지 못했다면 그들은 분명히 각자 20개의 핀도 만들 수 없었을 것이다.

One man draws out the wire, another straights it, a third cuts it, a fourth points it, a fifth grinds it at the top for receiving the head; to make the head requires two or three distinct operations; to put it on, is a peculiar business, to whiten the pins is another; it is even a trade by itself to put them into the paper; and the important business of making a pin is, in this manner, divided into about eighteen distinct operations, which, in some manufactories, are all performed by distinct hands, though in others the same man will sometimes perform two or three of them. I have seen a small manufactory of this kind where ten men only were employed though they were very poor, and but indifferently accommodated with the necessary machinery, they could, when they exerted themselves, make upwards of forty-eight thousand pins in a day. But if they had all wrought separately and independently, and without any of them having been educated to this peculiar business, they certainly could not each of them have made twenty. (Smith 2000, I.1.3)

애덤 스미스는 이러한 '아주 사소한 핀 만들기'를 통해 노동분업이 가져온 엄청난 생산성의 힘을 보여 주었다. 이 문구는 매우 유명하고 자주 인용되는 표현이다. 그러나 『국부론』 제1권 제1장의 마지막 부분에서 애덤 스미스는 어떤 핀 제조업자의 '외투'에 초점을 맞추어 더욱 놀라운 결론을 내렸다. 그는 이 평범한 물건(외투)에 "수많은 노동자의 분업에 의한 공동 노동"이 담겨 있다고 말했다. 애덤 스미스에 따르면 외투 제조에 필요한 공동 노동에는 다음과 같은 수많은 분업이 들어 있다. 즉, 외투를 만드는 데 "양치기, 양모를 선별하는 사람, 양털을 벗기는 사람, 양털을 빗는 사람, 염색공, 양모 소모梳毛[28]공, 방적공, 직조공, 마전장이,[29] 끝손질 직공 등 많은 사

---

28 '짐승의 털을 다듬어 짧은 섬유는 없애고, 길이가 고른 긴 섬유만을 골라 끝이 가

람들"의 작업이 필요하다. 또한, 나중 단계에서는 "그 외에도 많은 상인들과 운송업자들이 재료와 제품들을 운반하는 데 고용되었을 것이다. 특히 상업과 항해에 많은 사람들이 고용되었을 것이다. 많은 선박 건조자들, 선원들, 돛 제작자들, 밧줄 제작자들" 등도 고용되었을 것이다. 더 나아가 이 미천한 핀 제작자의 모든 소유물, 모든 옷가지, 모든 가구, 모든 수건과 카펫, 술병, 비누 등도 이런 식으로 생각해 볼 수 있을 것이다. 또한, 현대 경제에서 심지어 어느 한 가난한 사람에게 생필품을 제공하는 데에도 수천 명의 노동자와 그들의 작업이 필요할 것이다. 마침내 우리는 애덤 스미스의 탁월한 통찰을 통해 놀랍지만 부인할 수 없는 다음과 같은 '진실'을 마주하게 된다.

'어떤 유럽 왕자의 거처'가 '어떤 근면하고 검소한 농부

지런하게 하는 일'을 말한다.
29 '피륙을 바래는 일을 업으로 삼는 사람'을 말한다. 또는 천의 올을 배게 하는 '축융공(縮絨工)'이라고도 한다.

의 거처'보다 항상 더 나은 것은 아니다. 그러나 '어떤 근
면하고 검소한 농부의 거처'는 만 명의 사람들의 삶과
자유의 절대적 주인인 '여러 아프리카 왕들의 거처'보다
더 낫다.

The accommodation of an European prince does not
always so much exceed that of an industrious and frugal
peasant, as the accommodation of the latter exceeds that
of many an African king, the absolute master of the lives
and liberties of ten thousand souls. (Smith 2000, I.1.11)

모든 사회는 문명 생활에 필요한 사소하고 조잡한 물건들
을 만드는 데 종사하고 있다. 이러한 시스템이 하나의 '기계'
라면 그것은 '유기적인 기계'이다. 가난한 사람들도 부자들과
마찬가지로 이러한 시스템으로부터 혜택과 이익을 얻는다.
이들은 이 시스템의 톱니바퀴들과 운동이지만, 또한 다른 사
람들의 노동을 사용한다. 이는 '보이지 않는 작동'에 의해 이
루어지며, 궁극적으로 '한 국가의 정치경제'를 구성하고 있다.
『국부론』의 첫 장을 읽고 나면 애덤 스미스가 엄청난 경험의

창고, 즉 '시각 학식visual erudition'을 지니고 있음을 알 수 있다. 이는 그가 (1) 많은 공장, 사무실, 시장, 항구 등을 직접 방문하여, (2) 노동자들, 장인들, 상인들과 차가운 손으로 악수를 하고, 그들의 집이나 사업장, 또는 선술집 등에서 따뜻한 대화를 나눈 다음, (3) 자신이 듣거나 발견한 것을 깊이 숙고했기 때문이다. 따라서 우리가 『국부론』을 몇 페이지만 읽어도 애덤 스미스의 생생하고 통찰력 넘치는 이야기가 우리의 시선을 사로잡는다.

애덤 스미스는 『국부론』의 마지막 부분에서 책을 시작했던 '핀 공장의 축축한 바닥'으로 되돌아갔다. 애덤 스미스는 핀 공장의 바닥을 다음과 같이 묘사했다. 이곳은 (1) 손은 닳았고, 낡아 빠진 옷을 입은 사람들이 같은 동작을 계속 반복하고, (2) 시장에 적합한 수준의 임금을 받으며 일하는 곳이다. 이들의 노동은 국부를 생산하는 데 기여하지만, 이들의 삶은 나아지지 않는다.

평생을 몇 가지 단순한 일[작업]만을 수행하면서 보내는 사람[직공]은 자신의 지성^{知性}이나 오성^{悟性}을 계발하거나 발명 재능을 펼칠 기회가 없다. 따라서 그는 자연스럽게 그러한 잠재 능력을 발휘할 수 있는 습성을 잃게 되고, 일반적으로 어리석고 무지한 인간이 된다.

The man whose whole life is spent in performing a few simple operations has no occasion to exert his understanding or to exercise his invention. He naturally loses, therefore, the habit of such exertion, and generally becomes as stupid and ignorant as it is possible for a human creature to become. (Smith 2000, V.1.178)

애덤 스미스는 이를 앞으로 나아가지 못하는 '정지된 삶'의 한 형태라고 불렀다. 그는 노동자에게 이러한 정지된 삶은 "자연스럽게 마음의 용기와 심지어 신체의 활동까지 퇴폐시킨다"라고 말했다. 그러나 이는 산업이 고도로 발전된 선진 사회에서도 "정부가 그러한 삶을 방지하기 위해 어느 정도 노력하지 않는 한, 대부분의 사람들이 필연적으로 빠질 수밖에 없는 상태이다"(Smith 2000, V.1.178).

'분업'으로 인한 사람들의 '정지된 삶'은 피할 수 없는가?

여기서 '도덕 철학자'로서 애덤 스미스가 다시 무대에 등장한다. 애덤 스미스는 어둡고 차가운 공장에서 매일같이 핀 머리를 만드는 노동자들의 고단한 삶을 생각하면서 '그들의 입장'이 되어 보았을 것이다. 그는 이러한 노동자들과 사회적 계급과 배경이 달랐지만 그러한 삶이 자신을 포함하여 보통 사람들의 '운명'이 결코 아니라는 것을 알고 있었다. 그는 '동정심'이라는 인간의 본성을 통해 '애벌레 단계'에 있었던 공장 시스템에 대한 자신의 복잡하고 불명확한 입장을 표현했다. 공장 시스템은 국가 전체의 경제적 복지에는 엄청나게 생산적이었지만, 개인을 기형적으로 만들고 심지어는 타락시켰다. 이러한 결과로 『국부론』은 두 가지 다른 측면을 가지게 되었다. 한 가지 측면은 애덤 스미스가 결코 의도한 적은 없지만 '자유방임주의laissez-faire'[30]를 지지하는 데 사용되었고, 다른 한 측면은 19세기에 이르러 진행된 산업부문에서의 대량 생산으로 인한 '비인간화'(인간성 말살)에 대한 많은 비판을 예견하는 데 사용되

---

30 '국가가 국민의 경제 활동에 간섭하지 않고 자유 경쟁에 맡겨야 한다는 경제적 자유주의'를 말한다.

었다.

그러나 이후 산업화되어 가는 국가들에서 '엘리트 계층'뿐만 아니라 '정부들'도 노동자들에 대한 애덤 스미스의 통찰에 거의 관심을 기울이지 않았다. 그가 말했던 '뜨거운 진실searing truth'은 무시되었다. 더욱이 애덤 스미스라는 이름이 (1) 그가 '기업의 소유주'라고 불렀던 "주인master"('고용주')을 대변하고, (2) 노동의 권리와 노동자의 건강과 교육에 반대하는 깃발처럼 휘날릴 때도 그가 말했던 '뜨거운 진실'은 여전히 무시되었다. 이런 의미에서 애덤 스미스가 아무런 구속이나 제한이 없는 '자유시장 자본주의'를 대표하는 가장 중요한 인물이 된 것은 매우 씁쓸한 아이러니이다. 그의 『국부론』은 자유시장 자본주의보다 더 심오하고 관대하다.

한편 그의 『도덕감정론』에는 약간 '놀라운' 점이 있다. 서구 사회의 일상생활이 오늘날과는 완전히 다른 방식으로 구조화되던 시기에 저술되었지만, 이 책은 '도덕철학' 책일 뿐만 아니라 여전히 매우 신뢰할 수 있는 '심리학' 책으로도 읽히고 있다. 『도덕감정론』에서 애덤 스미스는 (1) '자신의 자아'를 현미경으로 들여다보고, (2) '연마된 도구들'(예, 동정심이나 공정한 관찰자)로 자아를 면밀히 조사했다. 그는 낭만주의자는 아니었지만, '마음의 내면(즉, 자아)을 향한 항해'를 떠난 것은 분명했다. 이러한 항해에서 애덤 스미스의 관심은 '사람들이 올바르게 행동하는 법을 배우는 실제 과정'에 있었다. 즉, 그는 사람들이 자신의 행동과 타인의 행동을 평가하는 데 사용하는 '감정'과 '정신적 경험'에 주목했다. 이 과정에 대해 애덤 스미스는 뭐라고 말했는가? 그는 흄이 언급한 '동정심'이라는 개념을 확장했다. 애덤 스미스의 동정심이란 (1) 우리 자신이 다른 사람의 입장이 되어, (2) '감정을 느끼는 자신'(즉, '감정적 자아')을 다른 사람의 상황에 투영하고, (3) 불완전하지만 다른 사람이 겪는 일을 자신도 겪어 보는 것을 의미한다. 이러한 과정을 "공감empathy"이라고 한다. 그런 다음 (4) "공정한 관찰자"로서 한발 물러나, (5) 그 다른 사람이 행한 행동이 좋은 행동인지(즉, 그 행동이 우리 자신이 선택했을 행동인지)를 평가한다. 이러한 과정을 "판단judgment"이라고 한다. 따라서 애덤 스미스의 동정심은 공감과 판단을 결합한 것으로 '공감판단심共感判斷心'[31]이라고

---

31 애덤 스미스는 'sympathy'(동정심)라는 단어를 사용했고, 오늘날 일부 애덤 스

부를 수 있다.

『도덕감정론』은 맨더빌의 생각을 비판하면서 다음과 같이 예리한 수사학적 표현으로 시작하는데, 이러한 수사는 인간은 선천적으로 '선한 본성'을 가지고 있음을 의미한다.

인간이 아무리 '이기적'이라고 생각하더라도, 인간의 본성에는 (1) 다른 사람들의 행복에 관심을 갖고, (2) 그들의 행복을 진정으로 바라는 몇 가지 '[도덕적] 원칙'[즉, 도의 또는 도리]이 분명히 존재한다. 그러나 [선의의] 인간은 다른 사람들의 행복을 보는 즐거움 이외에는 아무것도 얻지 못한다.

How selfish soever man may be supposed, there are evidently some principles in his nature, which interest him in the fortune of others, and render their happiness

———

미스 전문가들은 이를 'empathy'(공감)라고 부르고 있다. 그러나 애덤 스미스의 'sympathy'는 '공감'만으로는 부족하고 필자가 만든 말인 '공감판단심'이라고 부르는 것이 적합하다.

necessary to him, though he derives nothing from it, except the pleasure of seeing it. (Smith 1984, I.1.1)

애덤 스미스는 '보이지 않는 손'의 개념을 이용하여 부유한 사람들도 '생산적인 역할'을 할 수 있음을 주장했다. 그에 따르면 부자들은 필수품의 경우에 가난한 사람들보다 더 많이 소비하지는 않지만, 자신들의 '자연적인 이기심과 탐욕'을 충족시키기 위해 수천 명의 사람들을 고용하여 생산한 한 국가의 생산물을 (자신만 가지지 않고 사람들에게) 더 널리 분배한다. 애덤 스미스는 필수품의 분배 과정을 다음과 같이 언급했다.

부자들은 '보이지 않는 손'에 이끌려 인간 삶의 필수품을 [가난한 사람들에게] 균등하게 분배한다. 이는 [마치] 대지大地가 모든 주민에게 나누어졌다면 모두에게 균등하게 분배되었을 경우와 거의 같다. 따라서 부자들은 사회의 이익[공익]을 전혀 의도하지 않고, 심지어 사회의 이익을 알지도 못한 채 ['보이지 않는 손'에 이끌려] 사회의 이익을 증진시키고, 종種의 증식을 위한 수단을 제공한다.

They are led by an invisible hand to make nearly the same distribution of the necessaries of life, which would have been made, had the earth been divided into equal portions among all its inhabitants, and thus without intending it, without knowing it, advance, through an invisible hand, the interests of society, and afford means to the multiplication of the species. (Smith 1984, IV.1.10)

즉, 부자들의 '자연적인 이기심과 탐욕'으로 생산된 필수품과 다른 생산물들이 '보이지 않는 손'을 통해 가난한 사람들에게 널리 분배된다.

5장

—

『도덕감정론』에 대하여[32]

1. 미덕의 기초로서 자연적 동정심과 공감

인간은 모두 다른 사람들에 대해 자연적 동정심을 가지고 있다. 예를 들면, 다른 사람들이 고통을 받거나 괴로워하는 것을 본다면 보통 사람들은 물론 심지어 가장 나쁜 사람이

---

32 『국부론』과 『도덕감정론』은 별개의 책이지만 서로 긴밀히 연관되어 있기 때문에 여기서 간단히 언급할 필요가 있다. 두 책은 마치 '음'과 '양'의 원리와 같다. 『도덕감정론』 없는 『국부론』은 없다.

라도 약간의 동정심을 느낄 것이다. 우리는 만약 어떤 사람이 길거리에서 다른 사람과 막 부딪치려 하는 것을 본다면 스스로도 몸을 움츠리려고 할 것이다. 또한 우리는 어떤 사람이 느슨한 줄 위에서 몸을 이리저리 비틀며 공연하는 것을 쳐다볼 때 우리도 그와 함께 몸을 비틀려고 할 것이다. 다른 사람들이 행복해하거나 슬퍼하는 것을 볼 때에도 우리는 그들의 행복과 슬픔을 함께 느끼려 할 것이다. 이와 같이 우리는 다른 사람들이 느끼는 행복과 슬픔을 공감하려 한다. 사람들의 이러한 감정을 '동점심' 또는 '공감'이라 부른다. 애덤 스미스는 당시 그러한 감정을 '동정심'이라고 표현했으나, 오늘날에는 '공감'이라는 단어로 표현하기도 한다.

그러나 인간의 동정심 또는 공감의 표출에는 '한계'가 있다. 왜 그런가? 우리는 다른 사람들의 행동과 감정이 그들의 '상황'에 비추어 적절하다고 여길 때에만 어느 정도의 동정심을 느끼거나 공감하게 된다. 우리는 다른 사람이 슬픔에 사로잡혀 있는 것을 본다면 '그들에게 과연 무슨 일이 일어났는지'(즉, 상황)를 알고 싶어 한다. 따라서 우리의 동정심(공감)을 불러일으키는 것은 '그들의 감정'이 아니라 바로 그러한 감정을 유발하게 한 '사정'이나 '상황'이다. 예를 들면, 어떤 사람이 슬픔에 빠져 있을 때 우리가 그에게 동정심을 느끼거나 공감하게 하는 것은 그의 슬픈 감정 자체가 아니라 그러한 슬픔을 야기시킨 상황(예를 들어, 그의 부모님이 사망했거나 그의 애인이 교통사고를 당한 경우 등)이다. 한편, 중증 치매를 앓거나 병으로 죽어 가는 사람들이 자신의 감정을 표현하지 못해도 우리는 여전히 그들을 동정한다. 왜 그런가? 우리는 그러한 '불운한 상황'에 어느 정도 동정하거나 공감할 수 있기 때문이다. 따라서 우리는 '그들이 느끼는 감정'이 아니라 '그들이 처한 상황'에 대해 동정심을 가지거나 공감한다. 그러나 우리는 깊은 슬픔, 지나친 분노, 또는 과도한 열중 등에 대해서는 동정하거나 공감하지 않는다. 왜냐하면 우리는 그러한 감정들이 당사자 자신이나 다른 사람들에게 '해롭다'고 여기기 때문이다.

다른 한편으로, 우리들은 다른 사람들이 우리의 감정과 의견을 정확히 함께 나눌 때 진정으로 기쁨을 느낀다. 우리는 친구들에게 자신의 속마음을 털어놓으며, 그들의 동정심과 공감은 우리를 기분 좋게 만든다. 또한 우리는 우리 의견에 동의하는 사람들의 의견을 '올바르고, 타당하고, 적절하다'고 생각한다. 그러나 우리는 그들과 감정을 공유하지 않거나 그들의 행동과 의견에 수긍(찬성)하지 않을 때에는 그들이 잘못되었다고 생각하며 서로 간에 불편함을 느낄 것이다.

그렇다고 하더라도 우리는 '단순한 관찰자'로서 다른 사람이 가진 '극도의 감정'에 대해서는 실제로 완전히 공감할 수 없다. 예를 들면, 다른 사람들로부터 부당한 대우를 받거나 학대를 받아 온 어떤 사람의 '극도의 분노'나, 최근 가족과 사별한 어떤 사람의 '깊은 슬픔' 등에 대해서는 완전히 공감할 수 없을 것이다. 즉, 우리의 '동정적이고 공감하는 감정'이 아무리 진실되더라도 필연적으로 당사자들보다는 더 약할 것이다.

그러나 우리가 다른 사람들이 느끼는 감정의 '관찰자'이듯이 다른 사람들도 우리가 느끼는 감정의 '관찰자'이다. 다른 사람들이 처한 어떤 상황에 대해 우리가 그들보다 덜 강하게 공감하듯이 그들도 우리가 처한 상황에 덜 강하게 공감할 것이다. 이와 같이 우리의 감정과 다른 사람들의 감정 간에 존재하는 '감정(공감)의 불일치'는 사람들에게 불편함과 심통(心痛)을 가져다준다. 또한 사람들 간의 감정의 불일치는 그들로 하여금 자신의 격렬한 감정을 자제하도록 하는 역할을 한다. 이러한 감정의 자제를 통해 우리의 감정과 그들의 감정을 어느 정도 일치시킬 수 있으며, 모두의 불편함과 심통을 줄일 수 있다. 각자 감정의 자제를 통해 우리는 서서히 우리의 어떤 감정과 행동이 다른 사람들에게 '적절한지', 즉 '동정심과 공감을 불러일으키는지'를 배우게 된다. 다른 사람들도 마찬가지이다. 그러면 우리는 어느 정도까지 우리의 감정을 자제하는가? 우리는 '공정한 관찰자'가 우리의 감정을 완전히 공유(공감)하고, 그 감정이 적절하다고 생각하는 정도까지 우리의 감정과 행동을 자제하려 할 것이다. 즉, 공정한 관찰자가 느끼는 감정과 우리의 감정이 일치하는 수준까지 우리의 감정을 자제한다. 또한 우리는 한 걸음 더 나아가 다른 사람들에게 '진정한 관심'을 보여 주려고 한다. 왜냐하면 우리는 공정한 관찰자가 우리의 그러한 감정을 지지할 것을 알고 있을 뿐만 아니라 우리도 그것으로부터 기쁨을 얻기 때문이다. 이제까지의 설명에 대해 애덤 스미스는 다음과 같이 언급했다.

자신보다 다른 사람들을 더 많이 동정하고, 우리의 이기

심을 자제하고, 우리의 자비심을 발휘하는 것은 인간 본
성의 극치이다. 이러한 본성만이 사람들 사이에서 감정
과 격정의 '조화'를 가져다줄 수 있고, 또한 그러한 '조화'
는 인간들에게 완전한 품위와 예의 바름을 가져다준다.
And hence it is, that to feel much for others and little
for ourselves, that to restrain our selfish, and to indulge
our benevolent affections, constitutes the perfection of
human nature; and can alone produce among mankind
that harmony of sentiments and passions in which
consists their whole grace and propriety. (Smith 1984, I.5.5)

인간 도덕성의 원천에 대한 애덤 스미스의 설명은 기존 철
학자들의 생각과 다른 완전히 '새로운' 것이다. 제논[Zeno]을 비
롯한 고대 철학자들로부터 흄을 비롯한 현대의 많은 철학자
들까지 이들은 모두 인간의 도덕적 행동을 개인이나 사회에
'이로운 것'(즉, 합리적인 것)으로 설명하려고 애써 왔다. 반면에
애덤 스미스는 인간의 도덕적 행동이 개인이나 사회에 실제
로 이롭지만, 그것은 결코 '계산'의 문제가 아니라고 주장했

다. 그 대신, 애덤 스미스는 인간은 상호 간에 '자연적 동정심과 공감'을 가지고 있다고 주장했다. 또한 우리(인간)는 다른 사람들이 무엇을 묵인(관용)하고, 무엇을 묵인하지 않는지를 배워서 알게 된다.

도덕성에 대한 애덤 스미스의 주장은 당시에 혁신적인 생각이었다. 그는 다른 사람들에 대한 동정심, 배려하는 마음, 자제심, 자비심 등을 '인간 본성의 이상'으로 보았다. 이러한 본성을 통해 사람들은 자신의 감정과 열정을 조화시킬 수 있다. 도덕적 행동은 개인과 사회에 이롭지만, 그것을 계산에 따라 하지는 않는다. 애덤 스미스는 인간이 개인과 사회에 이로운 도덕적 행동을 하는 것은 바로 '인간의 본성'이라고 주장하였다. 인간이 자신과 사회에 이로운 '도덕적 행동'을 계산이 아니라 본성에 따라 한다는 생각은 당시로서는 새로운 주장이었다.

어떤 사람이 느끼는 고통, 배고픔, 사랑 등과 같은 '격정passion'은 당사자만이 느끼는 감정이며, 이를 '개인적 격정'이라 부른다. 그러나 개인적 격정뿐만 아니라 동료애, 상호 이해 등과 같은 '사회적 격정'과 증오, 원한, 혐오 등과 같은 '반

사회적 격정'도 있다. 특히 이러한 사회적·반사회적 격정들의 경우에 동정심과 공감이 중요한 역할을 수행한다. 예를 들면, 사람들은 '동료애'에 대해서는 동정하고 공감하지만, 상황에 맞지 않는 '증오'에 대해서는 동정하지 않을 뿐만 아니라 공감하지도 않을 것이다.

또한 우리는 어떤 사람의 '슬픔'보다 '기쁨'에 더 동정하거나 공감하는 성향을 가지고 있다. 이러한 성향은 왜 가난한 사람들은 자신의 빈곤을 숨기려 하고, 부유한 사람들은 자신의 부를 자랑 또는 과시하려는지를 설명해 준다. 사실상 돈으로 행복을 사지 못하지만 우리는 '돈으로 행복을 살 수 있다'고 생각한다. 또한 부유한 사람들은 실제 돈으로 살 수 있는 값싼 물건들과 사소한 용품들보다 배려, 주의, 동정, 칭찬, 감탄 등을 훨씬 더 가치 있게 생각하는 경향이 있다. 이와 같이 사람들은 동정(공감)의 감정을 '차별하는' 성향을 가지고 있다.

2. 보상과 처벌, 그리고 사회

보상은 사회적 격정을 촉진시키거나 장려하는 데 중요하

다. 반면에 처벌은 반사회적 격정을 위축시키거나 억제하는 데 중요하다. 따라서 우리의 승인(찬성)과 불승인(반대)을 불러 일으키는 것은 결과보다는 '의도'이다. 어떤 '유익한 행동'이 오직 '선한(좋은) 동기'로부터 유래할 때에만 사람들은 그 행동이 '보상'받을 만하다고 믿는다. 반면에 어떤 '해로운 행동'이 단지 '악한(나쁜) 동기'로부터 유래할 때에는 사람들은 그 행동이 '처벌'받을 만하다고 믿는다. 따라서 애덤 스미스는 선한 동기에서 비롯된 유익한 행동에 대해서는 보상을 해 주고, 악한 동기에서 비롯된 해로운 행동에 대해서는 처벌을 해야 한다고 믿는다.

또한 애덤 스미스는 사회적 생물로서 우리가 생존하려면 '부당하고 정당한 동기가 없는 악의는 반드시 처벌을 통해 억제되어야만 한다'고 주장하였다. 사람들이 저지르는 악의적 행동은 어떻게 처벌되는가? 그것은 자연에 의해 본능적으로 이루어진다. 자연은 우리들이 그렇게 하도록 이끄는 강한 본능을 부여해 주었다. 우리는 그 공이 자연이 아니라 우리 자신의 이성에 의해 이루어졌다고 우쭐댈 수 있지만 그것은 사실이 아니다.

물론 우리는 사람들의 마음속을 들여다볼 수 없다. 그래서 나쁜 '동기'를 가지고 있다고 의심되는 모든 사람들을 처벌하기보다는 사람들의 '행동'이 고의적으로 해악을 초래할 때에만 그들을 처벌해야 한다. 심지어 강도들과 살인자들도 서로간에 강도짓을 하거나 살인을 저지르려는 충동을 억제한다면 함께 평화스럽게 살아갈 수 있다. 사람들이 다른 사람들에게 해악을 가하지 못하게 강제하는 규칙들을 우리는 '사법^{justice}'이라고 부른다. 어떤 사회에 법이 없다면 어쩌면 그 사회는 생존할 수 없을 것이다. 이것이 바로 법을 보호하려는 우리의 본능이 왜 강한지를 말해 주는 이유이다. 법이 없다면 우리는 생존할 수 없기 때문이다.

3. 양심(도의심)

그러나 자연은 우리들에게 이러한 목적을 위하여 법과 처벌보다 훨씬 더 효과적인 장치인 "양심^{conscience}"(도의심)을 부여해 주었다. 우리는 다른 사람들의 행동을 판단한다. 그러나 우리는 또한 '우리 자신의 행동'도 판단한다. 우리 자신의 행

동을 판단하는 '내부 심판자internal judge'는 냉정하고 호된 비판
자이다. 그러나 다른 사람들이 우리를 칭찬해 준다면 내부 심
판자의 비판에 걱정할 필요가 없다. 우리는 다른 사람들로부
터 칭찬받기를 원하기 때문이다.

　양심은 강력한 사회적 기능을 수행한다. 이것은 우리가 우
리 자신에게만 너무 열중함으로써 다른 사람들을 등한시하
지 않도록 하는 사회적 기능을 수행한다. 사람들은 중국 전체
를 파괴하는 대지진보다 자신의 새끼손가락 하나를 잃는 것
을 더 직접적이고 중요하게 생각할 것이다. 그러나 우리의 양
심은 다른 사람들의 고난과 죽음을 결코 모른 척하지 않는다.
만약 우리의 새끼손가락 하나를 희생함으로써 대지진으로 신
음하는 먼 타국 사람들의 생명을 구할 수 있다면 우리는 그렇
게 할지도 모른다. 우리의 양심은 대지진으로 벌어진 커다란
인명의 손실을 가만히 두고 보지는 않을 것이다. 왜 그런가?
자연에 있어서 '모든' 사람들이 중요하기 때문이다. 자연은 '양
심'을 통해 우리에게 자신뿐만 아니라 다른 사람들도 중요하
다는 점을 일깨워 준다. 다시 말하면, 양심은 우리에게 어느
정도의 '균형 감각'을 부여해 준다. 따라서 양심은 우리가 자

신의 사적 이익만을 위하여 다른 사람들을 해치지 못하도록 하는 사회적 기능을 수행한다.

또 하나의 유용한 본능은 '규칙을 만들고 따르는 인간의 성향'이다. 우리는 우리의 행동이 다른 사람들에게 어떻게 영향을 미치고, 또한 다른 사람들의 행동이 우리에게 어떻게 영향을 미치는지를 알고 있다. 이를 통해 우리는 서서히 어떤 행동이 적절하고, 또 부적절한지를 알게 된다. 이러한 도덕 규칙들은 우리가 각 상황을 다시 숙고하지 않고서도 '어떻게 행동해야 할지'를 신속히 알게 해 준다. 어떤 상황에서 우리는 이미 정해 놓은 도덕 규칙들을 따르기만 하면 되기 때문이다. 각 사회는 조금씩 다른 규범들을 가지고 있다. 그러나 각 사회에서 상이한 규칙들이 '사회 후생'을 증진시키지 못한다면 그러한 규칙들은 곧 사라지게 될 것이다. 또한 우리가 사회 후생 증진이 아니라 단지 자신의 '양심의 가책'(죄책감)을 피하기 위하여 도덕 규칙들을 준수한다고 하더라도 우리는 사회 후생을 증진시키는 데 기여할 수 있다.

또한 애덤 스미스는 도덕성을 경제학이 아니라 '사회심리학'으로 인식하였다. 사회적으로 정해진 행동 규칙들은 '잘 기능하는 사회'를 만드는 데 기여한다. 즉, 행동 규칙들은 '사회가 잘 기능하도록 하는 역할'을 한다. 어떤 사회에서 사람들이 행동 규칙들을 잘 따를 때 그 사회는 번영하지만, 사람들이 규칙들을 잘 따르지 않으면 그 사회는 멸망한다. 애덤 스미스는 찰스 다윈보다 100년 전에 『도덕감정론』을 썼지만, 이미 당시에 자신의 '진화론적 견해'를 피력하려고 했다. 그는 '자연은 우리가 생존하도록 우리에게 타고난(천부적) 양심과 도덕성을 부여해 주었다'고 생각하였다.

4. 도덕성과 돈

부유한 사람들도 '의도하지 않으면서' 다른 사람들을 이롭게 한다. 예를 들면, 부자들은 자신들이 원하는 사치품들과 높은 사회적 신분의 상징물들을 만드는 모든 사람들에게 일거리를 제공해 줌으로써 그들을 이롭게 한다. 따라서 부자들은 "탁월한 평등자great equalizer"이다. 부가 우리에게 가져다줄 것으로 기대되는 이로움(즉, 물질적 편리함과 경제적 안락)이 하나의 미혹에 지나지 않을 수 있지만, 사람들이 부를 추구하려면 엄청난 노력을 해야 한다. 사람들이 부를 추구하는 데 쏟는 커다란 노력은 제품들뿐만 아니라 과학, 기술, 지적 생활 등도 개선시킨다.

애덤 스미스는 부자들이 다른 사람들에게 의도하지 않으면서 하는 이로운 행동을 '보이지 않는 손'의 개념을 이용하여 설명하였다(본서 137-138쪽 참조). '자연'이 땅에 살고 있는 사람들에게 대지를 똑같이 나누어 준 것처럼 부자들도 '보이지 않는 손'에 의해 생활 필수품들을 사람들 간에 거의 똑같이 분배해 줌으로써 '탁월한 평등자'의 역할을 한다. 이것은 애덤 스미스의 놀라운 통찰 중의 하나이다.

5. 미덕과 좋은 사회

애덤 스미스에 따르면 "진실로 미덕[도덕심]을 갖춘 사람"(이를 '미덕인', '도덕인' 또는 '덕행인' 등으로 부를 수 있다)은 "신중, 사법[정의], 자선, 자제심"의 미덕을 가지고 있다. 신중의 미덕은 사람들의 무절제와 무도한 행위를 완화시키며, 이는 사회를 이롭게 한다. 사법의 미덕은 사람들로 하여금 다른 사람들을 해치지 못하게 하며, 자선의 미덕은 다른 사람들의 행복을 증진시킨다. 이 또한 모두 사회를 이롭게 한다.

또한 격정을 억누르는 자제심도 미덕이 될 수 있다. 그러나 자제의 미덕은 양면성을 가질 수 있으며, 열광자들(광신자들)의 날붙이로 바뀔 수 있다. 보통 우리는 우리 자신에 대해 가장 염려하고, 다음으로 우리의 가족, 그다음으로 다른 사람들을 염려하는 자연적 성향을 가지고 있다. 그러나 인류가 개인보다 더 중요하기 때문에 자기희생(헌신)이 때때로 필요하다. 자연은 일부 사람들에게 그러한 자기희생을 하도록 자제를 부여해 준다. 특히 우리는 자제가 파괴적 목적이 아니라 유익한 목적에 이용되는 한 그러한 자기희생을 극구 찬탄할 것이다.

어떤 사람의 자신의 조국에 대한 애정(조국애, 애국심)은 곧 조국의 제도를 존중한다는 것을 의미하며, 이는 다른 사람들에 대한 동정(공감)과는 본질적으로 다르다. 정치적 혼란기에 어떤 한 나라의 제도들은 자국 시민들의 행복과 충돌할 수 있다. 그러면 정치인들은 기존의 제도들을 폐지하려 하며, 이를 위해 기존의 제도들을 자신들이 생각하는 '합리적 대안'으로 대체하기 시작한다. 그러나 이 과정에서 우리는 다음 두 가지 사실을 결코 잊어서는 안 된다. 첫째, 과거 제도들이 개혁가들에게는 잘 보이지 않는 많은 '실질적 이익들'을 가지고 있을 수 있다. 둘째, 모든 사람들이 자신의 동기를 가지고 있지만, 이들이 정치인들의 '거대한 계획들'에 너무 쉽게 굴복될 수 있다. 그러나 정치인들은 기존 제도들이 가져다주는 이익들에 상관없이 기존 제도들의 무조건적인 폐지를 제안한다. 따라서 공상가들이나 광신자들의 그럴듯한 주장보다는 자유와 인간의 본성(즉, 자연)이 '조화롭고 잘 작동(기능)하는 사회'를 만드는 것이 더 확실한 지도적 원리이다. 애덤 스미스는 이에 관해 다음과 같이 정곡을 찔렀다.

국가의 지배 체제를 중시하는 사람은 … 거대한 사회에 살고 있는 다른 구성원들을 필요한 곳에 배치하는 것이 장기판에서 자신의 손이 말들을 움직이는 것만큼이나 쉽다고 생각하는 것 같다. 그는 '인간 사회라는 거대한 장기판'에서는 일반 장기판에서의 말과는 달리 각 개인이 '자신의 행동 원리'를 가지고 있다는 점을 전혀 고

려하지 않는다. 각 개인의 행동 원리는 그를 움직이게
하기 위하여 의회[입법 기관]가 선택하는 것과는 아주 다
르다.

The man of system ⋯ seems to imagine that he can
arrange the different members of a great society with as
much ease as the hand arrange the different pieces upon
a chess-board. He does not consider that in the great
chess-board of human society, every single piece has a
principle of motion of its own, altogether different from
that which the legislature might choose to impress upon
it. (Smith 1984, VI.2.17)

애덤 스미스의 도덕적 분석은 그의 경제적 분석과 매우 유
사하다. 도덕과 시장은 모두 '기능적 시스템'이다. 즉, 도덕과
시장은 (1) '본능적 원리'에 의해 움직이고, (2) 사람들에게 자
유롭게 방임되어 있으며, (3) 인간의 후생을 증진시키기 위하
여 작동하는 성질을 가지고 있다. 만약 우리가 '유익한 본능'
이 아니라 '파괴적 본능'을 가졌다면 우리는 이 문제를 논의

하기 위하여 여기에 있을 필요가 없다. 따라서 우리는 이러한 성질을 가지고 있는 도덕과 시장시스템을 새롭게 고치는데 세심한 주의를 기울여야 한다. 무엇보다도 겉보기에는 그럴싸하게 보이지만 실제로는 사회의 전체 체계를 불안정하게 하는 방식으로 도덕과 시장시스템을 새로이 고쳐서는 안 될 것이다.

도덕과 시장은 모두 '기능적으로 움직이는' 유사한 성질을 가지고 있기 때문에 '조화롭고, 잘 기능하는 사회'를 만들려면 '자유와 인간의 본성(자연)'에 맡겨야 한다.

6장

—

'진짜 애덤 스미스'의 모습을 찾아서

애덤 스미스는 '경제학, 시장, 거래와 무역'에 대해서뿐만 아니라 오늘날 우리가 직면하고 있는 불평등이나 문화, 인간 사회의 심오한 문제들에 대해서도 우리를 가르치고 일깨워 줄 심오한 통찰력을 가지고 있다. 애덤 스미스 사상의 중심에는 '위대한 계몽주의 프로젝트'가 자리 잡고 있다. 이 프로젝트는 '인간에 대한 과학'을 규명하는 것으로, 철학, 종교, 정치경제학, 법학, 예술뿐만 아니라 과학, 심지어 언어까지 포괄하는 인간 삶의 모든 주요 측면에 걸쳐서 '통일되고 일반적인 설명'을 제시하는 것이었다. 정치적 좌·우파에 의해 제기되는 애덤 스미스에 대한 인식의 차이와 미신들을 타파하고 '진짜 애덤 스미스'의 모습을 찾아보자. 이 장에서는 이를 위해 그에 대한 미신을 서술하고, 진짜 애덤 스미스의 모습을 제시하고자 한다.

현대 경제학의 아버지인 애덤 스미스는 종종 '자유방임주의의 옹호자, 국가 개입의 완고한 반대자, 시장 근본주의와 호모 에코노미쿠스homo economicus[33]의 원천이자 기원인 사람, 유물론적 이데올로기의 주동자, 불평등과 인간 이기심의 옹호자, 여성 혐오주의자' 등으로 잘못 이해되고 있지만, 그의 통찰력은 오늘날에도 유효하며 자본주의의 '근본적인 개혁'을 위해 유익한 해결책을 제시해 준다.

산업혁명이 일어난 이래 지난 200년 동안 지구촌 사람들에게 엄청난 '글로벌 번영'을 가져다준 '시장시스템market system'은 오늘날 좌·우파 모두에게서 신랄한 비판을 받고 있다. 오늘날 시장시스템은 어떤 문제들 때문에 사람들로부터 비판을 받고 있는가? 먼저, '불공정 경쟁'과 '정실 자본주의crony capitalism'

---

33 경제 원칙에 따라 최대 이윤을 꾀하여 합리적으로 행동하는 인간(경제인)을 말한다.

의 비판자들에 의해 시장시스템의 '기본적 정당성'(즉, 시장에서 경쟁은 공정하게 일어나야 한다)이 무너졌다는 지적이 있다. 정치적 우파는 시장시스템하에서 일어나는 경쟁이 기대와는 달리 공정하지 못할 뿐만 아니라 정실 자본주의화되고 있다고 비판한다. 반면에 불평등과 '시장 근본주의market fundamentalism'를 반대하는 좌파 운동가들에 의해서도 시장시스템의 '근본적 정당성'이 문제시되고 있다. 정치적 좌파는 시장시스템이 불평등을 초래하고, 그 원인이 시장 근본주의에 있다고 비판한다. 오늘날 시장시스템은 왜 이러한 비판들을 받고 있는가? 또한, 이러한 비난들은 누구와 관련되어 있는가?

1. 애덤 스미스에 대한 인식의 차이와 미신

애덤 스미스는 근대 역사상 그 누구보다도 이러한 '이념적 전쟁터'의 중심에 있으며, 그의 주변에서는 '경제학, 시장, 그리고 사회'를 둘러싸고 상반된 견해들이 서로 격렬하게 충돌하고 있다.

먼저, 정치적 우파와 좌파는 애덤 스미스를 어떻게 인식하고 있는가? 정치적 우파에 속하는 많은 사람들은 『국부론』의 저자인 애덤 스미스를 '근대 경제학의 아버지'라고 인식한다. 특히 이들은 애덤 스미스를 (1) 모든 경제학자 중에서 가장 위대한 경제학자, (2) 자유방임주의, 자유시장, '보이지 않는 손' 및 개인의 자유를 설득력 있게 옹호한 사람, (3) 공산주의의 유토피아적(공상적) 망상으로부터 해방된 세계에서 '국가 개입'을 완고하게 반대한 사람 등으로 인식하고 있다.

반면 정치적 좌파에 속해 있는 많은 사람들은 애덤 스미스를 매우 다르게 인식하고 있다. 이들은 애덤 스미스를 (1) 시장 근본주의, 호모 에코노미쿠스(경제인), 효율적 시장 가설의 진정한 원천이자 기원인 사람, (2) 세계를 휩쓸고 인간 가치의 진정한 원천을 타락시키는 '유물론적(물질주의적) 이데올로기'의 주동자, (3) 부와 불평등 및 인간 이기심의 옹호자, 그리고 (4) 여성 혐오주의자 등으로 인식한다. 이와 같이 정치적 우파와 좌파의 사람들은 애덤 스미스를 매우 다르게 생각하고 있다.

그렇다면 정치적 우파와 좌파의 여러 인식 중에서 어느 것이 '진짜 애덤 스미스'의 모습인가? 사실상 위의 두 견해를 바

<표 3> 애덤 스미스에 대한 정치적 우파와 좌파의 견해와 필자의 평가

정치적 우파의 견해	정치적 좌파의 견해	평가
가장 위대한 경제학자	시장 근본주의, 호모 에코노미쿠스(경제인), 효율적 시장 가설의 진정한 원천이자 기원인 사람	- 가장 위대한 경제학자임. - 시장 근본주의의 창시자가 아님. - 호모 에코노미쿠스와 효율적 시장 가설은 나중에 등장한 생각들임.
자유방임주의, 자유시장, '보이지 않는 손', 개인의 자유 등을 옹호한 사람	유물론적 이데올로기의 주동자	- 자유방임주의의 옹호자가 아니었음. - '보이지 않는 손'은 『국부론』에서 한 번만 언급됨.
국가 개입의 완고한 반대자	부와 불평등, 그리고 인간 이기심의 옹호자	- 모든 형태의 국가 개입을 반대한 것은 아님. - 이기심을 미덕이라고 생각하지 않음.

탕으로 애덤 스미스의 캐리커처를 그려 본다면 모두 절망적인 모습이 될 것이다. 그러나 애덤 스미스는 결코 자유방임주의의 옹호자가 아니었다. 다음으로, '보이지 않는 손'이라는 표현은 『국부론』에 단 한 번만 언급되었을 뿐이다. 마지막

으로, 애덤 스미스는 시장들에서 모든 국가 개입들을 반대하지도 않았다. 실제로 애덤 스미스는 다양한 형태의 국가 개입을 적극적으로 옹호했다. 예를 들면, 특정 유형의 조세 부과와 은행들의 규제 등에 대해서는 국가 개입을 찬성했다. 따라서 애덤 스미스를 바라보는 정치적 우파와 좌파의 견해는 잘못된 믿음이다.

다른 한편으로, 애덤 스미스는 '이기심'(이기적 욕심)을 '미덕'이라고 생각하지 않았고, 여성 혐오주의자도 아니었다. 또한, 그는 '시장 근본주의'라는 개념을 창안하지도 않았고, 아마 그 개념에 반대했을 것이다. 마지막으로, 호모 에코노미쿠스와 효율적 시장 가설은 '나중에' 생긴 생각들로서 이들은 오히려 애덤 스미스의 견해를 심하게 왜곡하는 말들이다. 특히 이들 개념은 산업자본주의 시대에 등장한 말이다. '자유로운 거래 시장들'과 '자율적인 기업들'의 결합인 '산업자본주의industrial capitalism'34 자체는 19세기의 현상이며, 이는 애덤 스미스가 서

---

34 산업자본주의는 산업혁명을 거치면서 지배적인 형태로 등장하였으며, 영국에서는 1770년대 이후 형성되었고, 유럽 대륙에서는 1830-1840년대에 와서 그 시대의

거(1790)한 후 2세대가 지나서야 등장하였다.

'진짜 애덤 스미스'는 사람들이 생각하는 것보다 굉장히 '더 현명하고 더 명민한 사상가'이다. 그는 평범하고 단순한 구호들과 진부한 사상들을 과감히 버리도록 요구하고 있다. 그러나 애덤 스미스는 우리에게 그 이상을 요구할지도 모른다. 왜냐하면 그는 여전히 우리에게 가르침을 줄 심오한 지식과 지혜를 가지고 있기 때문이다. 따라서 우리는 애덤 스미스를 비판하기보다는 오히려 그에게 다시 한번 의지하거나 도움을 구해야 한다. 그의 통찰력이나 도움 없이 '현대 세계의 어려운 문제들'을 이해하거나 해결할 수는 없다.

그러나 한 가지 분명한 사실은 애덤 스미스가 단연 '지금까지 가장 위대하고 가장 영향력이 큰 경제학자'라는 점이다. 사실상 지난 2세기 동안 거의 모든 위대한 경제학자들은 자신의 저서나 논문들에서 애덤 스미스의 이름을 하나의 성스러운 의식처럼 인용하고는 하였다. 또한, 현대 경제학의 모든 주요 분파들은 그들의 학문적 뿌리가 애덤 스미스로 거슬러

지배적인 형태로 형성·발전되었다.

올라간다. 예를 들면, 소위 신고전학파 주류경제학을 비롯하여 오스트리아학파, 마르크스주의학파, 그리고 좀 더 최근에 생겨난 제도경제학파, 발전경제학파, 행동경제학파 등에 이르기까지 그들의 학문적 기원은 모두 애덤 스미스로 거슬러 올라간다. 따라서 연어가 알을 낳기 위해 자신이 '태어난 곳'으로 강물을 거슬러 올라가듯이 주요 현대 경제학파들도 그들의 학문적 뿌리를 찾아 '애덤 스미스'로 회귀하는 독특한 습성을 가지고 있다.

한편 전 세계의 정치인들, 학자들, 그리고 심지어 일반 대중들조차도 『국부론』이 가지고 있는 엄청난 '권위'와 그 핵심 생각들(예를 들면, 노동분업, 이기심, 보이지 않는 손 등)의 '단순·명쾌함'이 자신의 논리나 주장을 펴는 데 매력적인 조합이라는 사실을 알게 되었다. 이로써 그들은 자신의 신념이나 주장들이 모호하더라도 이를 품위 있게 꾸미기 위하여 일상적으로『국부론』의 권위와 핵심 생각들의 단순·명쾌함을 이용하고는 한다. 이들은 자신이 전개하는 주장의 정당성과 타당성을 애덤 스미스의『국부론』에서 찾아 자신의 주장을 펼치면서 종종 다음과 같이 말하고는 한다. "애덤 스미스는『국부론』에서 이렇게 말했다", 또는 "『국부론』에 따르면", "내 주장은 『국부론』에 바탕을 두고 있다", "내 주장은 『국부론』과 일치한다."

그들이 그렇게 한 결과는 어떤가? 애덤 스미스의 원래 생각들이 모호해지고 다수의 잘못된 미신들이 생겨났다. 애덤 스미스의 핵심 아이디어들이 '단순·명쾌'하다고 했는데 왜 이러한 결과가 나타나는가? 애덤 스미스는 지적으로 통찰력이 풍부하고, 여러 방면에 다재다능하였을 뿐만 아니라, 그의 말은 인용 가치도 매우 컸다. 그의 주장과 말들은 항상 정치인들, 학자들, 그리고 일반 대중들에게 과잉 해석과 노골적인 도용의 유혹들을 끊임없이 제공해 주었다. 실제로 애덤 스미스는 오늘날 일어난 놀라울 정도로 다양한 '현대적 사건들을 예상한' 인물일 수 있다. 그렇다면 우리는 오늘날 우리에게 일어난 여러 사건에 대한 해결책을 애덤 스미스로부터 찾을 수 있다!

애덤 스미스는 어떤 일들을 예상하였는가? 우선 현대 민주주의 국가들에서 유행하는 '유명인 정치celebrity politics'[35]의 부상을 들 수 있다. 유명인 정치는 어떻게 등장하는가? 유명인 정

---

35 '유명 인사나 연예인들의 정계 진출'을 말한다.

치는 (1) 부자들과 권력자들을 동경하는 인간의 성향과 현대 기술의 상호작용 및 (2) 인간의 상호 공감 능력과 현대 기술의 상호작용으로부터 발생한다. 애덤 스미스는 이러한 두 가지 생각들을 자신의 첫 번째 저서인『도덕감정론』에서 논의하였다. 앞서 언급했듯이 애덤 스미스의『도덕감정론』은 나중에 출간한『국부론』보다는 덜 유명하지만, 그에 못지않게 뛰어난 책이다.

또 다른 사건은 영국의 EU로부터의 탈퇴(소위 '브렉시트Brexit')를 들 수 있다. 미국 독립 전쟁(1775-1783) 중에 미국 식민지들과 관련하여 영국은 선택의 기로에 서 있었다. 당시 애덤 스미스는 영국은 (1) 미국 식민지 주들로부터 완전히 분리되거나 (2) 제국 연합을 결성하는 것 중 하나를 선택해야 한다고 주장했다. 후자의 경우 주권은 물론이고 정부의 소재지 자체도 미국으로 천천히 이전될 것이라고 말했다.

애덤 스미스의 두 위대한 저서인『도덕감정론』과『국부론』은 언뜻 보기에는 매우 다른 것 같다.『도덕감정론』은 '도덕심리학'에 관한 책이지만,『국부론』은 '정치경제학'에 관한 책이다. 또한,『도덕감정론』은 오랫동안 무시되어 왔지만,『국부론』은 지금까지 저술된 사회과학 서적 중에서 가장 영향력 있고 널리 인용되는 책이다. 그러나 두 책은 일부 사람들이 생각하는 것처럼 서로 상충되지 않으며, 두 책을 애덤 스미스의 다른 미발표작들과 함께 결합함으로써 '인간 행동'에 대한 '통일된 설명'을 제시할 수 있다. 그러한 설명은 불완전하지만, 여전히 놀라울 정도로 통찰력이 풍부하고 현대적이다.

애덤 스미스에게 있어서 두 책을 연결하는 중요한 아이디어는 바로 모든 인간의 상호작용에서 발생하는 '끊임없는 교환'이다. 그러한 교환들로 어떤 것이 있는가? 첫째, 시장에서 발생하는 '재화나 서비스의 교환'이 있다. 둘째, 언어나 다른 형태의 의사소통에서 발생하는 '의미의 교환'이 있다. 마지막으로, 사회에서 발생하는 '관계나 존중의 교환'이 있다. 특히

〈표 4〉 끊임없는 교환의 주요 유형

발생하는 곳	교환의 유형
시장	재화나 서비스의 교환
언어나 다른 형태의 의사소통	의미의 교환
사회	관계나 존중의 교환

애덤 스미스는 관계나 존중의 교환이 사회 내에서 도덕적 규범과 사회적 규범을 형성하는 기초가 된다고 주장했다.

2. '진짜 애덤 스미스'의 모습

애덤 스미스의 이러한 통찰력 있는 생각들은 각각 그 자체로서 매우 중요하다. 이러한 생각들을 함께 결합해서 캐리커처를 그려 본다면, 애덤 스미스의 캐리커처는 기존의 이미지와 매우 다른 모습이 될 것이다. 애덤 스미스의 두 저서 속에 들어 있는 생각들에서 우리는 다음과 같은 5가지 특징을 찾을 수 있다.

첫째, 우리는 『국부론』이 '천재적인 저서'라는 사실을 인식해야 한다. 왜 그런가? 『국부론』은 (1) 정치경제학의 많은 주요 지적 개념과 도구들(예를 들면, 노동분업, 이기심, 시장균형 개념, 인센티브가 인간 행동에 미치는 영향, 자유무역의 이익, 조세 부과의 일반 원칙 등)을 제시하고 정연하게 설명했을 뿐만 아니라, (2) 애덤 스미스가 '시장을 경제학의 중심'에 둔 최초의 인물이기 때문이다. 애덤 스미스는 『국부론』을 통해 인간 사회에 '경제적 근대성'을 가져다주었다. 한마디로 그는 '경제적 근대화'의 아버지와도 같다. 따라서 에드먼드 버크가 정당과 대의정체代議政體 이론을 통해 우리의 '정치적 근대화'의 돌쩌귀가 되었듯이, 애덤 스미스는 『국부론』을 통해 우리의 '경제적 근대화'의 돌쩌귀가 되었다.

둘째, '애덤 스미스가 바라본 개인과 시장'은 오늘날 '경제학자들이 생각하는 개인과 시장'과 매우 다르다. '애덤 스미스적 시장'은 현대 경제학과 정책 결정 과정에서 가정하고 있는 '현실과 동떨어진' 수학적 구조물이 아니다. 또한, 그가 생각하는 '개인'은 오늘날 경제학자들이 가정하는 무기력하고 활기를 잃은 '경제적 원자론economic atomism'에서의 개인이 아니다. 애덤 스미스가 생각한 시장은 어떤가? 그의 언어와 도덕(윤리)에 대한 통찰력을 상기해 보면, 시장은 특정 문화에 내재되어 있고, 사회적 규범들과 신뢰에 의해 조정되는 '살아 있는 제도'이다. 또한, 시장은 역동적이고 진화하는 방식으로 (1) 참여자들을 생성하고, (2) 또한 그들에 의해 생성된다. 시장들은 종종 공통적인 특징들을 가지고 있으나, 개별 인간들이 서로 다르듯이 시장들도 서로 간에 다르다. 예를 들면, 토지시장,

노동시장, 자본시장, 제품시장, 자산시장 등과 같이 무수히 많은 시장이 있다.

셋째, '자유시장'이라는 공허한 수사보다 시장 내에서 '효과적인(공정한) 경쟁'이 일어나느냐가 더 중요하다. 시장은 일반적으로 (1) '경제적 가치'를 창출한다. 또한, 시장은 (2) 재화와 서비스를 배분하고, 혁신과 기술 진보를 촉진하는 데 탁월한 능력을 갖고 있다. 그러나 이보다 중요한 것은 자유시장이라는 거의 공허한 수사가 아니라 효과적인 경쟁이 실제로 일어나느냐이다. 막연히 부르짖는 자유시장보다 효과적인 경쟁이 왜 중요한가? 우선, 효과적인 경쟁을 위해서는 기업들이 자신의 비용들을 내부화함으로써 다른 사람들에게 전가시키지 못하도록 강제하는 제도적 장치가 필요하다. 또한, 효과적인 경쟁을 하려면 정실 자본주의, 지대착취rent extraction 활동, 정보에 있어서 내부자와 외부자 간의 비대칭성, 정치적 로비활동 등을 억제하는 메커니즘이 필요하다. 따라서 효과적인 경쟁은 자유시장에서 발생하는 여러 병폐를 막아 주는 기능을 한다.

넷째, 시장은 '사회적으로 생성되고 진화(발전)하는 질서'이다. 이러한 질서는 왜 존재하는가? 이 질서는 신神이 준 권리가 아니라 공익을 위해 존재하며, 또 반드시 존재해야만 한다. 따라서 완전경쟁을 가정하는 이론적 모형에서 도출되는 '현대적 시장실패 이론'은 확장되고 보완되어야 한다. 무엇보다도, 진실은 '이론적 모형 밖에서는 진정한 자유시장이 거의 존재하지 않는다'는 점이다. 또한, 자유시장에서 어떤 유형의 '불완전성'이 허용되면 '완전한 시장'이 가져다준다는 가상적 이익이 사라진다는 사실이다. 따라서 시장은 '사회적으로 생성되고 진화하는 질서'를 만들어 내고, 공익을 위해 존재한다. 이러한 사실은 현대적 시장실패 이론에서 다루고 있지 않은 점이다.

다섯째, 개별 시장과 시장질서는 모두 '국가'(정부)에 의존하고 있다. 국가는 개별 시장과 시장질서 모두에 어떻게 영향을 미치는가? 국가가 시장에 정치적으로 개입할 때 시장기능을 파괴할 수도 있지만(즉, '국가 개입의 실패'), 시장기능을 활성화할 수도 있다(즉, '국가 개입의 성공'). 그러나 시장은 결코 신성불가침한 것이 아니다. 시장의 존재 이유는 '자본주의 자체가 가진 어떤 가상의 신성함'에서 비롯되는 것이 아니라 '현대 상업사회에서 시장이 차지하는 중요한 역할'에서 비롯된다. 현대 상업사회를 유지하기 위해서는 자유·신뢰·질서가 필수적이다. 궁극적으로, 특히 민주주의 국가들에서 개별 시장이나 시장질서의 정당성을 보증하는 것은 바로 '국가의 임무'이다.

이제까지 살펴보았듯이 애덤 스미스의 생각을 제대로 이해한다면 자본주의와 시장시스템을 방어, 개혁 또는 갱신하려는 시도들에서 가장 유용한 지침이 될 것이다. 불행하게도 오늘날 우리나라를 비롯하여 선진국들의 정치가 '좌·우파 포퓰리즘 이데올로기'에 의해 '공동화空洞化'되고 있다. 이제 그 속을 어떻게 채울 것인가? 자본주의 개혁의 역사적 대안이 (1) 무역보다 '전쟁'이 되어서는 안 되며, (2) 민주주의보다 '종교적 독재와 권위주의적 공산주의 및 민족주의'가 되어서도 안 되고, (3) 상업사회의 이익보다 '공허한 경제적 물질주의'가 되어서도 안 될 것이다. 애덤 스미스의 통찰력은 자본주의가 앞으로 나아갈 방향과 공동화된 중심을 재건하는 데 출발점이 되는 '새로운 대서사grand narrative'를 제시해 줄 것이다.

7장

—

결론

애덤 스미스의 『국부론』 제1장에 요약되어 있는 경제성장 이론의 핵심은 '노동분업'에 의해 촉진되는 '전문화'이다. 그의 유명한 핀 제조 공장의 예에서 볼 수 있듯이, 핀 생산을 '더 작은 작업들'로 분할함으로써(즉, 작업 분할 또는 노동분업을 통해) 산업화(제품 생산)는 능률과 생산성을 엄청나게 증대시킬 수 있었다. 그러나 이 과정은 개별 기업들의 생산에만 국한된 것이 아니다. 노동분업의 생산성 증대 효과는 '시장의 규모'에 의해 커다란 영향을 받는다. 시장이 클수록 노동분업의 생산성 증대 효과는 더욱 커진다. 애덤 스미스에 따르면 노동분업은 '시장의 규모에 의해 제한되기' 때문에 '교환을 통해 시장을 확대'해야만 한다. 예를 들면, 컵라면을 구매하려는 사람이 아무도 없다면 일일 컵라면 생산량을 100개에서 10,000개로 늘린다고 해도 의미가 없을 것이다. 따라서 노동분업은 지속적인 경제 구조의 변화 과정을 수반하는 '집단적 과정'이다. 컵라면 공급량이 많아지면 컵라면을 생산하는 경제부문들은 생산을 확대하고 가격을 낮출 수 있을 것이다. 또한, 시장 규모가 커지면 컵라면 생산에 필요한 자재들을 공급하는 업스트림upstream 공급업체들은 생산을 '더 전문화된 작업들'로 분할하거나 재편할 수 있다.

애덤 스미스의 경제성장의 또 다른 조건은 '경쟁'이다. 경쟁은 경제성장이 '사회적으로 유익하다'는 점을 보장해 준다. 경쟁은 기업 소유주들이 전문화와 교환 증대로부터 얻는 이익들을 독점하지 못하게 해 주기 때문이다.

지금까지 '자본주의의 내재적 또는 본질적 가치'를 둘러싸고 분명한 차이를 보이는 '두 집단' 간에 격렬한 논쟁이 이루어져 왔다. 우선, 자본주의의 가치는 본질적으로 '현대 사회를 조직하는 방식'과 관련되어 있으며, 그 방식은 '진보적이고,

효율적이며, 자유롭게' 조직되어야 한다. 따라서 자본주의의 본질적 가치 역시 현대 사회를 진보적이고, 효율적이며, 자유롭게 조직하는 데 있다. 애덤 스미스는 이러한 자본주의의 내재적 가치를 믿는 두 집단 간 격렬한 논쟁의 근거가 된 양측의 주장을 '모두 지지'했다. 한쪽 집단은 '자유시장'이 부를 창출하고 성장 및 확산시키는 가장 중요한 단일 방식이라고 주장하며, 애덤 스미스는 이들 집단을 분명히 지지했다. 다른 집단은 자유시장에 동의하지만 '정부의 역할'도 매우 중요하다고 주장하는 사람들이다. 자유시장만으로는 '강하고 좋은 사회'에 필요한 모든 재화와 서비스(예, 공공재)를 제공하기에는 불충분하다고 여기기 때문이다. 애덤 스미스는 이들도 지지했다.

애덤 스미스는 '보이지 않는 손'이라는 개념을 자주 사용하지는 않았지만, '시장의 힘을 제한하려는 시도들'에 대해서는 분명히 반대했다. 그는 사람들(시장 참여자들)의 '이기심'이 재화와 자원을 배분하고, 자신의 자본을 투자하는 데 '가장 공정하고, 가장 생산적인 방법'을 찾아낼 것이라고 믿었다. '개인의 이기심'과 '개인의 자유로운 활동에서 생겨난 자발적인 질서'는 정부가 일반적으로 경제를 통제 또는 관리하는 시스템보다 확실히 더 나은 것으로 여겨졌다. 그는 특히 (1) 길드들, (2) 사회적 특권 계층, (3) 독점권을 획득하는 상인들과 기업들, (4) 자유무역을 저해하는 정부들에 의한, 순전히 '편협한 이익'만을 가져다주는 각종 규정과 규제들을 싫어했다. 그러한 규정과 규제들은 개인의 이기심과 자발적인 질서에 바탕을 두고 있지 않기 때문이다. 그러나 동시에 애덤 스미스는 (1) 가난한 사람들을 도와주고, (2) 노동 계급을 발전시키며, (3) 교육을 장려하고, (4) 정부가 필수적인 공공재에 투자하기를 원했다. 이러한 일들은 개인의 이기심과 자발적인 질서로는 달성할 수 없기 때문이다.

우리는 애덤 스미스를 통해 '성장을 위한 기계'를 갖게 되었다. 성장 기계는 애덤 스미스에게 매우 친숙한 '뉴턴 시스템 Newtonian system'을 바탕으로 작동하는 기계이다. 그러나 뉴턴 시스템과 달리 애덤 스미스의 성장 기계는 '자연의 법칙'에만 의존하여 작동하지 않았다. 애덤 스미스의 성장 기계는 자연의 법칙이 아니라 '인간의 본성'에 의해 작동하고, 인간의 본성은 자연의 법칙과 달리 복잡하다. 따라서 정부가 개인들에게 경쟁을 저해하는 각종 '특혜'를 줌으로써 '성장 기계에 의한 성장'을 가로막지 않는다면 각국의 부는 성장할 수 있을 것이다. 특혜는 '경쟁시스템'이 '사회적으로 유익한 효과'를 가져다주지 못하도록 작용하기 때문이다. 따라서 『국부론』의 대부분(특히 제4권)은 국내외에서 독점을 선호하는 '중상주의 체제'의 제한적 조치들을 강력히 반대하는 논증이다. 애덤 스미스의 "자연적 자유 시스템system of natural liberty"은 '모든 사람의 최상의 이익'에 부합한다. 그러나 만약 정부가 '상인들과 제조업자들의 비열한 탐욕과 독점욕'에 맡겨지거나 휘둘린다면 자연적 자유 시스템은 작동되지 않을 것이다.

애덤 스미스는 '현대 경제학의 창시자(아버지)'이다. 최초로 (1) '공익과 사익의 복잡한 상호작용'과 (2) 어리석기 짝이 없는 '특권과 전통의 유대'를 끊기 위해 무엇이 필요한지를 명확하게 이해했기 때문이다. 애덤 스미스는 전자의 문제를 '보이지 않는 손'의 작용을 통해 설명했고, 후자의 문제는 '계몽주의'를 통해 풀었다. 특히 그는 18세기 계몽주의의 '낙천주의'를 신봉했으며, 낙천주의의 가치를 자신의 저술 속에 종합하고 체계화했다.

그의 생각의 한 부분(이기심과 자유시장의 장점)을 포기하고, 다른 부분(자본주의의 폐해)만을 중요시하는 것은 애덤 스미스의 명성과 업적에 대한 실례인 동시에 우리 사회에 해가 되는 일이다. '자유시장을 통해 작동하는 이기심'은 경제성장을 위한 적절한 인센티브를 제공하는 데 매우 중요하다. 더불어 '자유시장에 바탕을 둔 자유로운 자본주의'가 그 시스템상 여러 가지 문제들을 야기한다는 이유로 그 장점을 부정하는 것은 요점을 놓치는 일일 것이다. '시장의 힘'을 과도하게 억제하려는 현대 세계의 모든 시도, 특히 공산주의 국가들에서 극단적으로 시도된 계획들은 '경제침체와 부패, 그리고 궁극적인 실패'를 가져다주었으며, 우리는 이미 이를 생생히 목격하였다.

그러나 애덤 스미스 사상의 다른 측면(즉, 자유시장과 자본주의의 폐해)을 완전히 무시하는 일은 확실히 오류이다. '완전한 자유시장'은 '자본의 집중'을 초래한다. 가장 효율적이고 무자비한 사람들이 (1) 점점 더 많은 이익을 가져가고, (2) 자신의 재산과 부를 보호하기 위해 경제력을 '정치권력으로 활용하는 법'을 배우기 때문이다. 그 결과 자본이 자유시장에서의 승자에게로 집중되어, 소위 '승자독식' 또는 '부익부 빈익빈' 현상이 초래된다. 결국, 불평등은 정치적 좌파와 우파 모두에게서 사회적 안정을 위협하는 '정치적 반응과 반동反動'을 불러일으킬 때까지 증가할 것이다. 20세기 중반 주요 선진 자본주의 경제에서 나타난 불평등 증가 경향은 '정부의 개입과 조치'로 일부 대응할 수 있었다. 이러한 정부 개입이 없다면 불평등은 더 커질 것이다. 불평등은 1970년대 이후 미국에서 가장 두드러지게 나타났으며, 다른 거의 모든 국가에서도 나타났다. 이러한 불평등이 과연 애덤 스미스 탓인가? 애덤 스미스는 현대 경제가 어떻게 작동할지 정확히 예측하지 못했다. 산업혁명이 시작될 무렵인 1776년에 『국부론』을 썼던 그가 어떻게 현대 경제를 정확히 예측할 수 있었겠는가? 그러나 애덤 스미스는 (1) 불평등이 너무 심하고, (2) 자본과 부의 집중과 같이 강력한 경제적 이익에 너무 많은 영향력이 집중되는 것은 '자유'나 '번영'에 좋지 않다는 사실을 잘 알고 있었다. 다만 현대의 일부 추종자들이 이를 깨닫지 못하고 있을 뿐이다.

참고문헌

노먼, 제시(2024), 『애덤 스미스: 경제학의 아버지』, 이성규·임일섭 옮김, 율곡출판사.

버틀러, 에이먼(2021), 『애덤 스미스의 도덕감정론 및 국부론 요약』, 이성규 옮김, 율곡출판사.

이성규(2023), "'진짜 애덤 스미스'의 모습을 찾아서," 『한국공공선택학 및 새마을운동교육연구』, 9(1), 한국공공선택학 및 새마을운동교육연구소, 32-51쪽.

Carney, Mark(2021), *Value(S): Building a Better World for All*, Toronto: Signal.

Kay, John(2018), "Is there more to Adam Smith than free markets?," *Financial Times*, July 25.

Keynes, John Maynard(2009), *The General Theory of Employment, Interest, and Money*, New York: Classic Books America(Original work published 1936).

Norman, Jesse(2018a), *Adam Smith: Father of Economics*, New York: Basic

Books.

__________(2018b), "How Adam Smith would fix capitalism," *Financial Times*, June 22.

Sen, Amartya(2010), "The Economist manifesto," *New Statesman*, April 23.

Smith, Adam(1904), *An Inquiry into the Nature and Causes of the Wealth of Nations*, edited by Edwin Cannan, Library of Economics and Liberty, London: Methuen. (https://www.econlib.org/library/Smith/smWN.html)

__________(1980), *Essays on Philosophical Subjects*, edited by W. P. D. Wightman and J. C. Bryce, Indianapolis: Liberty Fund.

__________(1984), *The Theory of Moral Sentiments*, edited by D. D. Raphael and A. I. Macfie, Indianapolis: Liberty Fund.

__________(2000), *The Wealth of Nations*, edited by Edwin Cannan, New York: The Modern Library.